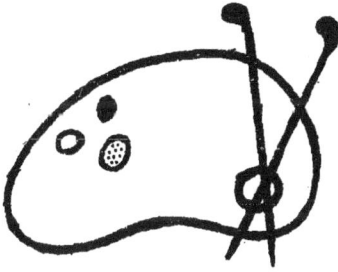

Original en couleur

NF Z 43-120-8

Couverture inférieure manquante

SAVARY DE MAULÉON

ET

LE POITOU A SON ÉPOQUE

PAR

BÉLISAIRE LEDAIN

Ancien Président de la Société des Antiquaires de l'Ouest

Officier de l'Instruction publique, Lauréat de l'Institut.

Extrait de la *Revue poitevine et saintongeaise.*

SAINT-MAIXENT

IMPRIMERIE CH. REVERSÉ

1892

SAVARY DE MAULÉON

ET

LE POITOU A SON ÉPOQUE

PAR

BÉLISAIRE LEDAIN

Ancien Président de la Société des Antiquaires de l'Ouest

Officier de l'Instruction publique, Lauréat de l'Institut.

Extrait de la *Revue poitevine et saintongeaise.*

SAINT-MAIXENT

IMPRIMERIE CH. REVERSÉ

1892

SAVARY DE MAULÉON

ET LE POITOU A SON ÉPOQUE

CHAPITRE PREMIER.

Les ancêtres.

C'est à la fin du xi° siècle que la famille féodale de 3 Mauléon fait sa première apparition dans les documents historiques. La petite ville de Mauléon, appelée si mal à propos Châtillon-sur-Sèvre depuis 1736, d'où elle tirait son origine et son nom, possède encore quelques ruines du château de ses vieux seigneurs, situé sur un mamelon escarpé en forme de promontoire, dont le pied plonge dans la rivière de L'Oing (1). La porte voûtée, accompagnée de deux tours, par laquelle on y pénètre remonte, selon toute apparence, vers la fin du xii° siècle. La seigneurie de Mauléon relevait des vicomtes de Thouars.

Foulques de Mauléon, le plus ancien dont le nom ait survécu, vivait vers l'an 1090. Ayraud de Forges, seigneur de Rorthais, son voisin et peut-être son vassal, eut avec lui à cette époque une violente querelle à l'occasion de la dîme de Rorthais donnée par Ayraud à l'abbaye de la Trinité de Mauléon. Foulques, mécontent de cette donation, avait confisqué le domaine et la dîme. Mais Ayraud, après avoir dévasté ses terres, lui tendit un piège et s'empara de sa personne au moment où il partait en pélérinage pour Saint-Jacques-de-Compostelle. Il ne le relâcha qu'après restitution (2). Foulques de Mauléon ne fut pas moins violent envers le prieuré de Saint-Nicolas de la Chaise-le-Vicomte, auquel il ravit une dîme près de Châteaumur en 1093 environ (3). Il autorisa vers la même époque la donation de

(1) Voir une vue de ce site dans la *Vendée*, par de Wismes.
(2) *Cartulaire de la Trinité de Mauléon*, ap. *Archives hist. du Poitou*.
(3) *Cartulaires du Bas-Poitou*, par Marchegay.

l'église Saint-Melaine des Aubiers à la Trinité de Mauléon (1).

Plusieurs chartes signalent l'existence d'un Raoul de Mauléon, contemporain de Foulques, sans indication du lien de parenté qui les unissait. Raoul figure comme témoin, vers l'an 1085, dans la donation des églises de Saint-Laurent-sur-Sèvre, faite par Basile Chabot à l'abbaye de Saint-Cyprien de Poitiers (2). Il fait lui-même une donation au prieuré de la Chaise, le 6 décembre 1094, et un autre au même établissement lorsque le vicomte Herbert II de Thouars en fit célébrer la dédicace, le 7 décembre 1099. La charte de la dédicace qualifie Raoul de Mauléon d'oncle du vicomte Herbert, parce que sa sœur Ameline de Mauléon avait épousé le vicomte Aimeri IV et était mère d'Herbert (3). Besly a confondu Raoul de Mauléon avec un certain Raoul qui suivit le duc d'Aquitaine Guillaume IX dans sa croisade, en 1101, et qui périt dans un combat contre les Bulgares à Andrinople (4). Sans parler de la qualité de parent du duc d'Aquitaine que l'historien Albert d'Aix donne à ce Raoul et qui ne semble pas convenir à notre Raoul de Mauléon, un acte de 1107 établit qu'il n'était point encore mort à cette date, à moins toutefois qu'il ne s'agisse de son fils Raoul II, ce qui ne serait point impossible. Quoiqu'il en soit, Raoul Ier ou Raoul II de Mauléon intervient comme seigneur suzerain et avoué de l'abbaye de Saint-Michel-en-l'Herm, dans cet acte de 1107 qui n'est autre chose qu'un jugement rendu par Pierre II, évêque de Poitiers, apaisant la discorde violente qui avait éclaté entre les abbayes de Luçon et de Saint-Michel au sujet de la possession du domaine de la Dune, vers l'embouchure du Lay (5). Ce fait prouve que les Mauléon exerçaient déjà des droits seigneuriaux à Saint-Michel-en-l'Herm.

Un Geoffroi de Mauléon figure avec Raoul comme témoin et donateur dans la charte de dédicace du prieuré de la Chaise du 7 décembre 1099. Mais rien n'indique leur degré de parenté. Étaient-ils frères et fils de Foulques ? on ne saurait l'affirmer. Geoffroi vivait encore vers 1106, comme l'atteste une charte du

(1) *Cartulaire de la Trin. de Mauléon.*

(2) *Cartulaire de Saint-Cyprien de Poitiers*, publié par M. Rédet dans les *Archives hist. du Poitou*, t. III, p. 101.

(3) *Cartulaires du Bas-Poitou, prieuré de la Chaise*, pp. 14-22.— Dom Fonteneau, t. 26, p. 183. — *Histoire de Thouars*, par Imbert.

(4) Lettres de Besly, ap. *Archives hist. du Poitou*, t. IX.

(5) *Bull. de la Société d'émulation de la Vendée*, t. XIV, p. 240, d'après Dupuy, vol. 499, f° 17.

vicomte de Thouars Geoffroi III, dans laquelle il souscrit en qualité de témoin (1).

Raoul Ier de Mauléon laissa trois fils : Savary, Raoul et Ebles. Savary Ier, seigneur de Fontenay et de Mauléon, donna à l'abbaye de la Trinité de Mauléon, entre 1115 et 1123, une maison située sur le marché de cette ville, qu'il lui enleva, puis qu'il lui restitua vers 1149 (2). De concert avec Raoul son frère, il concéda, à une date non indiquée par la charte, à l'abbaye de Belle-Fontaine, les droits féodaux auxquels ils pouvaient prétendre sur les domaines du prieuré de Loublande (3). En 1135 il confirma, en qualité de seigneur suzerain, la donation de la terre de Bellevaux, non loin de Fontenay, faite à l'abbaye de l'Absie par un de ses vassaux (4). Savary mourut à une époque inconnue et fut enseveli dans l'abbaye de l'Absie (5), laissant deux fils : Savary et Aimeri qui souscrivent une charte de leur oncle Ebles donnée à la Rochelle, vers l'an 1153, en faveur du prieuré de Saint-Georges-d'Oleron (6). L'aîné Savary signe, en 1155, un don à l'Absie pour le salut de l'âme de son père (7).

Raoul II de Mauléon, successeur de son frère Savary Ier, en vertu du droit de viage, comparaît comme témoin, ainsi que son autre frère Ebles, dans la charte de donation concédée par Aliénor d'Aquitaine à l'abbaye de Montierneuf de Poitiers le 26 mai 1152 (8). Il mourut avant 1155, époque à laquelle sa veuve Mirabilis confirme des dons à l'abbaye de l'Absie (9). Mirabilis épousa ensuite Thibault Chabot, seigneur de Vouvent.

Ebles de Mauléon, troisième fils de Raoul Ier, devint, en 1155, après la mort de ses deux frères, seigneur de Fontenay et de Mauléon, *ritu jureque paterno*. Mais déjà il était maître de la seigneurie de Talmond dès 1145 par son mariage avec Eustachie de Lezay (10), et le rôle retentissant qu'il avait joué en

---

(1) *Cartulaire de Saint-Nicolas de Poitiers*, ap. *Archives hist. du Poitou*, t. I, p. 9.

(2) *Cartulaire de la Trinité de Mauléon.*

(3) Dom Fontaneau, t. XXVI, p. 203.

(4) *Cartulaire de l'Absie*, dans Besly, *Évêques de Poitiers*, p. 94.

(5) *Cartulaire de l'Absie.*

(6) *Doc. hist. inédits*, par Champollion-Figeac, t. II, p. 26.

(7) *Cartulaire de l'Absie.*

(8) Dom Fonteneau, t. XIX, p. 235.

(9) *Cartulaire de l'Absie.*

(10) *Cartulaire de Talmond*, p. 330. — Intr. au cart. Talmond, p. 61.

Aunis lui avait procuré une grande puissance. Héritier de la maison de Châtelaillon, soit par sa femme, soit par sa mère, mais plutôt par sa mère, Ebles de Mauléon réclama ses droits les armes à la main contre les prétentions d'un autre parent des Châtelaillon Geoffroy de Rochefort et contre le roi lui-même. Louis VII, en effet, gendre et successeur du dernier duc d'Aquitaine Guillaume X, qui avait conquis Châtelaillon sur son dernier seigneur Isembert, en 1130, avait hérité de sa souveraineté sur ce pays. Une guerre civile acharnée entre Ebles et Geoffroy désola l'Aunis en 1146. Le sénéchal de Poitou, Guillaume de Mauzé, au moment de partir pour la croisade, en 1147, suppliait le ministre Suger d'envoyer un prévôt sage sous peine de perdre le pays et notamment la tour de Talmond dont Ebles de Mauléon accaparait les revenus (1). Les deux adversaires finirent par obtenir du roi la reconnaissance de leur domination sur l'Aunis et la Rochelle, sauf le droit de mettre garnison à Châtelaillon, et la moitié des revenus de la Rochelle (2). Devenu seigneur de la Rochelle, Ebles de Mauléon y fonde en 1153, l'église et la paroisse de Saint-Barthélemy, réclamée par le développement aussi rapide que nouveau de cette ville maritime (3).

Comme seigneur de Fontenay, Ebles, par une charte datée de cette ville en 1155, confirme des dons de terres sises au Martrai, faits à l'abbaye de l'Absie par un de ses vassaux (4). Comme seigneur de Mauléon, il confirme, vers 1170, à l'abbaye de Belle-Fontaine, ses possessions de Loublande et de Bois-Girard (5). En 1174, de concert avec Isodis, sa femme, Raoul et Guillaume, ses fils, il abandonne aux abbés de la Trinité de Mauléon le droit de nomination à la cure de Saint-Pierre de cette ville (6). En 1175 environ, Ebles de Mauléon, en qualité

---

(1) La seigneurie de Talmond appartenait en commun aux anciens comtes de Poitou et aux Lezay. Or le roi Louis VII était l'héritier des comtes (note de M. de la Boutetière, ap. *Bull.* Antiquaires de l'Ouest, t. XIV, p. 39).

(2) *Recherches sur la maison de Châtelaillon*, par Faye, et *Notice sur les seigneurs de Châtelaillon*, par l'abbé Chollet, ap. *Mém.* Antiq. Ouest, t. XX. — *Hist. de France*, par dom Bouquet, XV, 486. — *Hist. de la Rochelle*, par Arcère, 96, 178. — *Gallia Christiana*, t. II, *instrum.*, 463, *De ecclesia sancti Bartholomei*.

(3) *Hist. de la Rochelle*, par Arcère, t. II, p. 690. — *Bibl. de l'école des chartes*, 4e série, t. IV.

(4) *Cartulaire de l'Absie*.

(5) Dom Fonteneau, t. XXVI, p. 203.

(6) *Cartulaire de la Trinité de Mauléon*.

de seigneur de Talmond et du consentement de ses fils Raoul et Guillaume surnommé de Lezay, donne à cens un marais au prieuré de Fontaines (1). Enfin c'est à lui que l'abbaye de Notre-Dame des Châtelliers de l'île de Ré, doit sa fondation en 1178, fondation à laquelle son neveu Aimeri donna son approbation. Il possédait l'île de Ré comme héritier de la maison de Châtelaillon (2). Ebles de Mauléon épousa, en premières noces, une Eustachie de Lezay, dame de Talmond, qui mourut le 4 janvier, vers 1170. Elle donna en mourant, par acte non daté, à l'abbaye de Boisgrolland, une rente de deux muids de vin à Olonne (3). Isodis, citée en 1174, ne saurait être que la seconde femme d'Ebles.

Raoul III de Mauléon, fils aîné d'Ebles, semble lui avoir succédé en 1180 (4). Par un accord passé à cette époque entre lui, sa femme Alix de Ré, son fils Savary et sa fille Eustachie, d'une part, et l'abbaye de Saint-Michel-en-l'Herm d'autre part, une convention fut arrêtée au sujet de la construction et de la possession en commun de maisons sur la place contiguë à l'abbaye (5). C'était un des fidèles partisans du fameux Richard Cœur-de-Lion, comte de Poitou et seigneur de Talmond, terre qui avait sans doute été enlevée à sa famille par les princes Plantagenets. En 1182, lors d'une réunion brillante convoquée par Richard dans une maison de plaisance dite *Salle le roy*, sur le bord de l'étang du Port-Péré, l'antique port Juré, près de Talmond, Raoul de Mauléon et son frère Guillaume de Lezay ou de Mauléon étaient présents au milieu d'une foule de grands seigneurs poitevins, tels que Aimeri, vicomte de Thouars, et Geoffroi de Lusignan. Le comte Richard accorda en leur présence à l'abbaye d'Orbetier le droit d'avoir des chaloupes de pêche dans le port d'Olonne et de percevoir des droits sur le poisson (6).

Raoul de Mauléon accompagna le roi Richard à la croisade et se distingua dans les combats en Palestine, en 1190-1192. Un

(1) *Cartulaire du Bas-Poitou*, p. 107.

(2) *Hist. de la Rochelle*, par Arcère, t. i, p. 62.

(3) Dom Fonteneau, t. i, p. 525, d'après le *Cartulaire de Boisgrolland*. — *Cartulaire de Talmond*, apud *Ant. Ouest*, t. xxxvi.

(4) *Hist. de la Rochelle*, t. ii, p. 638.

(5) Dom Fonteneau, t. xviii, p. 41.

(6) *Cartulaire d'Orbetier*, ap. *Archives hist. du Poitou*, t. vi, p. 6. — *Lois et Usages maritimes de l'Aquitaine*, par de La Fontenelle. — *Poitou et Vendée*, par Fillon.

jour, dans un combat près de Joppé, il fut arraché des mains des sarrazins par le roi lui-même (1). Après la mort de ce prince, en 1199, il jugea le moment favorable arrivé pour rentrer en possession de Talmond et de la Rochelle, où les Plantagenets n'avaient pu se dispenser d'implanter fortement leur pouvoir aux dépens des droits des Mauléon. La reine Aliénor n'eut garde de repousser la demande de ce fidèle serviteur. En vertu d'un traité d'échange passé à Loudun, elle restitua à Raoul le château de Talmond et lui concéda le château de Benon avec une rente de 50 sous en échange de la Rochelle (2). Le roi Jean-sans-Terre s'empressa de ratifier cet arrangement le 30 septembre 1199. Il confirma solennellement Raoul de Mauléon, son fils Savary et son frère Guillaume dans la possession du Talmondais, des Moutiers-les-Mauxfaits, de Curzon, de la châtellenie de Benon, et il y ajouta une rente de 10,000 sous poitevins sur la prévôté de la Rochelle. En retour de ces concessions, les Mauléon renoncèrent à tous leurs droits sur la Rochelle (3).

La même année, 1199, Raoul de Mauléon, demeuré possesseur de l'île de Ré, fit une concession bien utile et bien désirée aux habitants de cette île et à l'abbaye des Châtelliers. Considérant que les daims qui s'étaient prodigieusement multipliés ravageaient tout le pays, il renonça à son droit de chasse, moyennant un cens de 10 sous par quartier de vigne ou sexterée de terre. Il s'engagea en outre à ne pas élever de forteresse sur la motte voisine du monastère des Châtelliers. Sa femme Alix, son fils Savary et sa fille Eustachie ratifièrent cette concession (4).

Comme seigneur de Mauléon, on ne connaît de Raoul d'autre acte que la confirmation de l'abandon fait jadis par Ebles, en faveur de l'abbaye de la Trinité, de la nomination du curé de Saint-Pierre (5). Comme seigneur de Fontenay, les habitants lui doivent la concession du droit de faire pacager leurs chevaux dans les prés de la ville (6).

(1) Dom Fonteneau, t. xxv, p. 189. – Hist. de Maillezais, par Lacurie, p. 279. — Chronique de Nicolas Trivet, ap. d'Achéry, t. viii. — Geoffr. Vinisauf, ap. Gale, t. ii.

(2) Hist. de la Rochelle, par Arcère, t. ii, p. 647.

(3) Rotuli chartarum, t. i, p. 24. — Bibl. de l'école des chartes, 4e série, t. iv, p. 330.

(4) Bibl. de l'école des chartes, 4e série, t. iv, p. 369.

(5) Cartulaire de la Trinité de Mauléon.

(6) Histoire de Fontenay, par Fillon.

Le roi Jean-sans-Terre s'était assuré à jamais du dévouement de Raoul de Mauléon en l'indemnisant des pertes plus ou moins justifiées subies par sa famille. Il crut donc pouvoir lui conférer les fonctions si importantes de sénéchal de Poitou vers la fin de l'année 1199. On connaît deux lettres qu'il lui adressa en cette qualité les 29 et 30 janvier 1200. Dans l'une il lui mande de délivrer aux bourgeois Rochelais l'administration des droits royaux de leur ville, qu'il leur a affermé pour 40,000 sous. Dans l'autre il lui ordonne de partir pour la Gascogne pour y rétablir l'ordre apparemment troublé (1). Raoul ne jouit pas longtemps de sa haute position. Deux mois après environ, il n'existait plus et Geoffroi de la Celle le remplaça (2). Il fut enseveli au monastère des Moutiers-les-Mauxfaits où son fils Savary et son frère Guillaume fondèrent, en 1201, un service anniversaire pour le repos de son âme. L'acte de fondation daté du monastère des Moutiers-les-Mauxfaits stipule pour les religieuses de Fontevrault auxquelles appartenait ce monastère, l'obligation d'entretenir une lampe sur son tombeau et leur assure diverses rentes dont une de 17 livres sur les droits de rivage ou de sceau perçus sur les passeports des navires fréquentant les côtes de la Rochelle (3). La possession de ces droits de rivage par les Mauléon tendrait à démontrer que les seigneurs de Talmond jouissaient dès cette époque du droit d'amiraudage patrimonial qu'ils prétendirent toujours exercer dans tous les ports de la côte du Bas-Poitou et qui leur fut en vain contesté au xve siècle par l'amiral de France (4). Un autre anniversaire pour le repos de l'âme de Raoul de Mauléon fut fondé en 1201 dans l'abbaye d'Orbetier, près de Talmond (5).

Raoul III laissait un fils, Savary III de Mauléon, dont nous allons raconter la vie si active et si remplie, et deux filles, Eustachie, qui devint vicomtesse de Châtellerault, et Jeanne, épouse d'Aimeri de Rochechouard. Mais son frère Guillaume, en vertu du droit de viage particulier au Bas-Poitou, excluait Savary III de la plus grande partie des biens situés dans cette province et devait en jouir jusqu'à sa mort.

(1) *Rotuli chartarum*, t. i, p. 58.

(2) *Gallia christiana*, t. ii, p. 1438. — *Rotuli chartarum*, t. i, p. 97.

(3) *Cartulaire de Fontevrault*, t. i, p. 470 (Bibl. nat.). — *Bibl. de l'école des Chartes*, 4e série, t. iv, p. 330, note.

(4) *Lois et usages maritimes de l'Aquitaine du Nord*, par de La Fontenelle.

(5) *Cartulaire d'Orbetier*, ap. *Archives hist. du Poitou*, t. vi, p. 17.

Guillaume devint donc seigneur de Mauléon, de Fontenay et de Talmond avant son neveu Savary. Dès 1180 il possédait une portion des biens paternels de l'Aunis, et on lui voit céder des terres dans la paroisse de Laleu, à l'abbaye de Saint-Martin de l'île d'Aix (1). Il avait épousé Agnès, de la maison de Mauzé, qui lui apporta la seigneurie de Marans et dont il eut trois enfants mentionnés dans une donation en faveur de l'abbaye de la Grâce-Dieu, du mois de décembre 1200 (2). L'année suivante, 1201, il épousait Catherine, fille de Maurice de Montaigu (3). Un troisième mariage avec Béatrix de Machecou le rendit seigneur de la Roche-sur-Yon dès 1208 au plus tard (4). Ils fondèrent l'abbaye des Fontenelles. Guillaume de Mauléon fonda, en 1205, le prieuré de Saint-Lambert, près Mauléon (5). Il mourut en 1214, le 27 février (6). Les actes de sa vie se trouvent souvent liés à ceux de son neveu, le remuant Savary ; mais ils ne suivirent pas ordinairement la même politique.

CHAPITRE II.

Savary de Mauléon.

§ I. — *Son rôle en Poitou jusqu'à la trève de 1214.*

Le nom de Savary de Mauléon a laissé dans l'histoire une certaine célébrité. Guerrier remarquable, esprit souple et habile, doué même de goûts littéraires, ce grand seigneur poitevin, type curieux du chevalier du moyen-âge, mérite une étude particulière. La date exacte de sa naissance demeure inconnue, mais elle est certainement antérieure à 1180, puisqu'il figure à cette époque dans une convention passée par son père Raoul avec l'abbaye de Saint-Michel-en-l'Herm (7). Le lieu où il vit le jour est aussi incertain. Est-ce Mauléon, est-ce Fontenay,

(1) *Hist. de la Rochelle*, t. II, p. 638.

(2) Dom Fonteneau, t. XXVII bis, p. 177.

(3) *Gallia christiana*, t. II, 1430. — *Doc. sur la Grenetière*, ap. *Revue du Bas-Poitou.*

(4) *Cartul. du Bas-Poitou*, prieuré de la Roche, p. 221.

(5) *Cart. d'Orbetier*, ap. *Archives hist. du Poitou*, t. VI.

(6) *Cartulaire de Talmond*, p. 381, note de M. de la Boutetière.

(7) Dom Fonteneau, t. XVIII, p. 41. Voir plus haut.

est-ce Talmond, est-ce même l'île de Ré ? On ne saurait se pro-
noncer. Mais comme ses parents possédaient toutes ces
*seigneuries, il est clair qu'il naquit dans l'une d'elles. C'est donc
en Bas-Poitou et en Aunis que s'écoula sa jeunesse.* La mort de
son père, en 1200, ne lui apporta pour le moment qu'une faible
partie des domaines poitevins, à cause de l'usufruit réservé par
la coutume à son oncle Guillaume. Châtelaillon, Benon,
Angoulins, l'île de Ré constituèrent sa part principale. Le
mariage qu'il ne tarda pas à contracter avec Belle-Assez, fille de
Guillaume de Chantemerle, seigneur de Pouzauges et de Pareds,
lui apporta en outre la perspective d'un riche héritage (1).

Au moment où Savary de Mauléon, âgé d'environ 25 à
30 ans, *fait son entrée sur la scène politique, en 1202,* le roi
Jean-sans-Terre d'Angleterre, puissamment secondé par sa
mère, la vieille reine Aliénor, règne en Poitou et en Aquitaine.
La féodalité toute puissante constitue une force redoutable avec
laquelle la royauté est obligée de compter. Les maisons de
Lusignan, de Mauléon et de Thouars occupent dans ses rangs
la première place, et, entourées de leurs nombreux vassaux,
parents et alliés, couvrent toute la province d'un réseau de
possessions et de châteaux qu'il n'est pas facile d'entamer.
Rivales et convoitant les mêmes provinces, la royauté Capétienne et celle des Plantagenets cherchaient de part et d'autre
à gagner ces grands seigneurs turbulents ou à jeter la division
parmi eux. Elles recherchaient aussi l'appui du tiers état,
nouvelle force sociale qui venait de surgir. C'est la cause secrète
et vraie de la fondation et des progrès des communes jurées de
Poitiers, Niort, Saint-Jean-d'Angély, la Rochelle, Saintes et
Oleron, comblées de faveurs successives par les rois d'Angleterre et de France. De son côté la féodalité poitevine *considérant
comme également dangereuses pour son indépendance les entre-
prises de l'une ou l'autre monarchie,* adopta une politique de
bascule consistant à soutenir presque alternativement l'un des
deux rois rivaux, suivant ses intérêts du moment, et à perpétuer
ainsi une lutte qui ne pouvait que lui être profitable. Aussi les
historiens contemporains français et anglais ne manquent pas
de reprocher amèrement aux poitevins et en particulier à Savary
de Mauléon leur versatilité et leur perfidie. Il faut pourtant
reconnaître qu'ils se montrèrent moins hostiles aux rois

(1) *Bull. de la Société d'émulation de la Vendée*, t. v, article de
M. Marchegay. — C'est sans aucun motif ni aucunes preuves que quelques
auteurs ont fait naître Savary en Angleterre.

d'Angleterre qu'aux rois de France. Les Plantagenets n'étaient-
ils pas, en effet, des enfants du pays, les fils d'Aliénor, les
descendants des vieux comtes ? Et puis, surtout, leur pouvoir
placé loin d'eux, en Angleterre, ne leur laissait-il pas plus de
sécurité et de liberté ? Les rois d'Angleterre toléraient tout de
leur part pour conserver leur appui. L'action des rois de France,
au contraire, beaucoup plus rapprochée, se faisait incessamment
sentir et paraissait plus redoutable par la menace perpétuelle
de l'annexion et de l'abaissement de leur indépendance. Là est
l'explication de l'attitude des seigneurs de l'ouest jusqu'en 1242,
date de leur défaite définitive. Savary de Mauléon, durant toute
sa carrière, donna l'exemple de cette politique. Voyons-le
d'ailleurs à l'œuvre.

La première fois qu'il prend les armes, en 1202, c'est contre
le roi Jean, son suzerain légitime et incontesté. Il existait alors
contre ce prince parmi les seigneurs poitevins une grande
irritation suscitée par Hugues de Lusignan comte de la Marche,
que Jean avait mortellement offensé en lui ravissant sa fiancée, la
célèbre Isabelle d'Angoulême. Philippe-Auguste, qui guettait
l'occasion de la revanche, accueillit avec faveur les ouvertures
des mécontents, et, sans intervenir directement, leur envoya
comme comte de Poitou le jeune Arthur de Bretagne, neveu du
roi Jean, son ennemi et son compétiteur. Deux cent cinquante
chevaliers entraînés par Hugues et Geoffroi de Lusignan
allèrent au-devant du jeune prince et de sa petite armée (1).

Savary de Mauléon et son oncle Guillaume suivirent le mouvement. Ils n'auraient pas été fâchés peut-être de se donner un
souverain docile et de le soustraire le plus possible à l'influence
des deux puissants rivaux. On entra donc plein d'espérance en
campagne et on marcha au-devant d'Arthur vers Tours (2).
Puis on revint aussitôt en Poitou. Le plan était de s'emparer
de la personne de la reine Aliénor qui par son influence serait
devenue entre leurs mains un instrument d'une véritable force.
Celle-ci fuyant de Fontevrault vers Poitiers fut atteinte et
assiégée dans Mirebeau par l'armée d'Arthur. Le 31 juillet
1202, serrée de près dans le château, elle se considérait comme
perdue, et cette audacieuse aventure, d'ailleurs mal préparée,
semblait sur le point de réussir lorsqu'elle s'effondra tout à
coup dans le plus lamentable désastre. Dans la nuit du 31 juillet

(1) *Raoul de Coggeshale*, ap. Bouquet, t. XVIII, p. 95. — *Chronicon
Turonense magnum.*

(2) *Philippide* de Guill. le Breton, liv. VI.

au 1ᵉʳ août, le roi Jean prévenu du danger que courait sa mère, arriva du Mans à marches forcées avec une armée de routiers Brabançons. Il tomba à l'improviste sur les assiégeants qu'il fit tous prisonniers. Arthur, Hugues le Brun de Lusignan, Geoffroi de Lusignan, André de Chauvigny, Raimond de Thouars, le vicomte de Châtellerault, Hugues de Beauçais, en un mot tous ses ennemis demeurèrent entre ses mains (1).

Savary de Mauléon partagea le sort de ses compagnons d'armes (2). Il fut même traité plus durement que la plupart d'entre eux. Jeté dans les affreux cachots du château de Corff, en Angleterre, il en vit bientôt vingt-deux périr du supplice de la faim (3). La perspective d'une mort si atroce ou d'une captivité dont rien ne faisait présager le terme, lui inspira un acte de désespoir et d'audace admirable. Un jour ayant enivré les quatre geôliers qui le gardaient, il saisit une hache, les massacra, puis de concert avec Aimeri de Fors et quelques compagnons de captivité, Poitevins comme lui, il se rendit maître du château (4). Le roi Jean, qui se trouvait alors non loin de Corff, accourut plein de colère se disposant à enlever la place par la force des armes. Mais une énergie si peu commune et les conseils de l'archevêque de Cantorbéry ne tardèrent pas à lui suggérer une toute autre attitude et le moyen le plus efficace pour dompter la résistance de son terrible prisonnier. Réfléchissant qu'un chevalier jeune, riche et vaillant comme Savary pouvait lui rendre les plus éminents services en Poitou où ses affaires allaient assez mal en ce moment, il lui proposa d'entrer à son service. A ce prix tout lui serait pardonné. Savary n'hésita pas. Il prêta serment au roi et promit de lui livrer comme otages sa mère et sa femme (5). Le 20 août 1203, le roi Jean ordonna à son connétable du château de Corff de lui amener Savary et son compagnon Aimeri de Fors à Verneuil, en Normandie, lui

(1) *Ex annalibus de Margan*, ap. *Hist. Franc.*, t. xix, p. 246. — *Raoul de Coggeshale*, ap. dom Bouquet, t. xviii, 95. — *Rigord*. — *Chron. Turonense* ap. Bouquet, xviii.

(2) *Raoul de Coggeshale*. — Lettre du roi Jean, ap. Bouquet, xviii, 95.

(3) *Ex annalibus de Margan*, ap. *Hist. franç.*, t. xix, p. 246. — *Hist. des ducs de Normandie et rois d'Angleterre*, éd. de la Soc. de l'hist. de France, p. 96.

(4) Le château de Corff est situé dans le comté de Dorset, à 29 kilomètres de Dorchester. Voir un dessin représentant ses vastes et pittoresques ruines dans l'*Histoire d'Angleterre*, par de Roujoux et Mainguet, t. i, p. 228.

(5) *Hist. des ducs de Normandie et rois d'Angleterre*. — *Biographie des troubadours*, dans l'*Histoire du Languedoc*, nouv. éd., t. x, p. 241.

recommandant de mieux garder sa forteresse à l'avenir (1). Les otages ayant été remis et conduits à Northampton, des négociations entamées au mois de janvier 1204 par trois chevaliers amis et procureurs de Savary, amenèrent enfin sa délivrance complète avant le mois d'août suivant (2). A cette époque, en effet, Savary était de retour en Poitou, où il se hâta de servir de tout son pouvoir les intérêts anglais. Le 6 août, le roi Jean lui faisait délivrer 200 marcs d'argent. Le 8 août, il ratifiait les négociations commencées par lui, de concert avec le sénéchal de Poitou et Hubert du Bourg avec ceux qui avaient abandonné sa cause et enjoignait à ses officiers de prendre sous leur protection tous ceux qui, par le conseil de Savary, étaient retournés à son service. Enfin, le 10 août, il ordonnait à Robert de Turnham, sénéchal de Poitou, de lui restituer tous ses biens tels que les possédait Raoul de Mauléon son père au jour de la mort du roi Richard (3).

Savary de Mauléon avait trouvé le Poitou dans une situation bien différente de celle où il l'avait laissé lors de sa mésaventure de Mirebeau. La cause du roi d'Angleterre y était fort compromise. La reine Aliénor avait cessé de vivre depuis le mois de mars 1204. Le roi de France, Philippe-Auguste, avait rallié à son autorité beaucoup de grands seigneurs, Guillaume des Roches, Hugues de Lusignan comte de la Marche, Geoffroi de Lusignan, Guillaume de Mauléon, l'oncle même de Savary (4), qui demeura fidèle à la cause française. Il put donc conquérir avec une certaine facilité et malgré les efforts de Savary de Mauléon et du sénéchal Robert de Turnham, une bonne partie de la province (5). Les villes de Poitiers et de Niort se soumirent à lui sans résistance au mois d'août, et il ne manqua pas de se les concilier par la confirmation et l'augmentation de leurs privilèges communaux. Les conjonctures ne semblaient point favorables pour regagner le terrain perdu. Le roi Jean-sans-Terre était tombé dans le mépris. Le fils du fameux troubadour,

---

(1) *Rotuli litterarum patentium*, t. I.

(2) *Rotuli litterarum patentium*, t. I. — *Guillaume des Roches*, par Dubois, ap. Bibl. école des Chartes, 1871. — *Rotuli litterarum clausarum*, t. I, pp. 5-6.

(3) *Rotuli litterarum clausarum*, t. I, pp. 5-6. — *Rotuli litterarum patentium*, t. I, p. 44.

(4) *Le premier registre de Philippe-Auguste*, par Léopold Delisle.

(5) *Radulphi Coggeshalæ abbatis Chronic anglican.* ap. Hist. Franc., t. XVIII, p. 99. — *Grandes chroniques de France*, IV, éd. Paris.

Bertrand de Born, troubadour lui-même, adjurait Savary de Mauléon de l'abandonner : « Savary, tout roi couard ne peut faire rien de grand; on ne saurait s'attacher à un homme fainéant et sans cœur. » Insensible à ces objurgations, l'ancien prisonnier du Corff demeurait fidèle et reconnaissant à Jean sans Terre. Il gagna même tellement sa confiance que celui-ci lui décerna, le 3 février 1205, les importantes fonctions de sénéchal de Poitou, en remplacement de Robert de Turnham fait prisonnier dans une rencontre (1). Le 26 avril, le roi Jean, conseillé en cela par les Rochelais, lui conférait tout pouvoir pour traiter avec ceux qui se rallieraient à sa cause (2).

Le nouveau sénéchal brûlait du désir de se signaler par un acte éclatant, capable de justifier le choix dont il avait été l'objet et de faire apprécier sa valeur. De la Rochelle, ville demeurée au pouvoir de l'Angleterre et où vraisemblablement il résidait en ce moment, il médita une entreprise hardie dont la réussite devait mettre en lumière les ressources de son esprit et la grandeur de son zèle. Le dessein conçu par Savary n'était rien moins que la reprise de Niort. Pour le mettre à exécution il eut recours à une ruse véritablement ingénieuse. Les Niortais avaient tous les ans l'habitude, le premier jour de mai, d'aller en grand nombre dans un bois situé à une lieue de la ville, cueillir des branches fleuries d'aubépine ou *mai*, suivant la dénomination vulgaire dès lors admise, qu'ils rapportaient ensuite dans leurs maisons. Savary connaissait cet usage, reste probable de quelque vieille pratique païenne. La nuit du 30 avril au 1er mai 1205, il vint se poster avec une troupe d'élite entre le bois et la ville (3). Les bourgeois Niortais étant arrivés au bois pour faire leur cueillette, il se dirigea vers la ville avec ses hommes portant chacun une ou plusieurs branches de mai. En voyant avancer cette forêt ambulante, les gardiens des portes ne conçurent pas le moindre soupçon. Pas de doute, c'étaient leurs concitoyens qui revenaient. Lorsque leur illusion se dissipa tout à coup, il était trop tard. Savary, maître d'une porte, pénétra rapidement dans la ville, courut au château qu'il trouva dégarni et s'en empara. Puis marchant au devant des bourgeois qui rentraient du bois sans armes et sans défiance, il les fit tous prisonniers. Mais il eut bien soin de ne pas les

(1) *Rotuli litt. patent.*, t. I, p. 49.

(2) *Idem*, t. I, p. 53.

(3) Le bois, théâtre de cet événement, était situé très probablement au lieu dit l'Ebaupin, commune de Bessines, sur le chemin de la Rochelle.

maltraiter. Il exigea d'eux simplement des otages et le serment de fidélité au roi d'Angleterre (1). Leur ville passa donc sans effort, grâce au stratagème de Savary et sans doute aussi à la complicité de quelques habitants, sous le pouvoir de Jean-sans-Terre, moins d'une année après avoir été conquise par les lieutenants de Philippe-Auguste. Elle n'eut point à s'en repentir, car le roi d'Angleterre, non seulement lui confirma ses anciennes immunités naguère accordées par le roi Richard et la reine Aliénor, mais lui donna en outre quittance de toutes les tailles, redevances et péages (28 décembre 1205 (2). Le sénéchal de Poitou avait fait là un véritable coup de maître. Il s'agissait maintenant pour lui de défendre sa conquête.

La nouvelle de la surprise de Niort amena devant ses murs la plupart des grands seigneurs poitevins récemment ralliés de gré ou de force au roi de France. Le devoir féodal leur imposait l'obligation de reprendre pour son compte cette place importante. Leur armée, dans les rangs de laquelle on distinguait Hugues le Brun de Lusignan, son frère le comte d'Eu, Geoffroi de Lusignan, Hugues de Surgères, le vicomte de Thouars, Guillaume de Mauléon oncle de Savary, Hugues l'Archevêque seigneur de Parthenay, Thibaut de Beaumont sire de Bressuire, entreprit donc le siège de Niort. Mais il n'était pas facile de prendre de vive force un donjon de cette importance, naguère construit par Henri II ou Richard Cœur-de-Lion, et défendu par un homme aussi énergique que Savary de Mauléon. Le siège tira en longueur. De petits combats insignifiants, qualifiés de *biéles chevaleries* par la chronique, se livraient dans les faubourgs. Un jour Savary luttant contre Hugues de Surgères le désarçonna et rentra satisfait dans la ville. Pendant ce temps-là, Philippe-Auguste qui assiégeait Chinon défendu par Hubert du Bourg, ne pouvant secourir ses partisans devant Niort, ceux-ci se découragèrent, et, abandonnant leur entreprise, allèrent le rejoindre dans son camp. Chinon venait de succomber. Les seigneurs poitevins ne trouvèrent près du roi qu'un accueil assez froid. Philippe-Auguste soupçonnait non sans motif la mollesse de leurs efforts. C'était un échec qu'il était politique d'accepter pour le moment. Savary de Mauléon triomphait (3).

(1) *Hist. des ducs de Normandie et rois d'Angleterre*, publiée par la Soc. de l'hist. de France, pp. 100-102.

(2) *Rotuli chartarum*, t. I, p. 161.

(3) *Hist. des ducs de Normandie et rois d'Angleterre*, pp. 102-104.

Jean-sans-Terre ne pouvait se dispenser d'apporter sa puissante coopération à l'œuvre si bien commencée par son serviteur. Pendant qu'il préparait en Angleterre une grande expédition en Poitou, il lui enjoignit, le 9 janvier 1206, de détruire les châteaux de Pierre et Jean Bertin dont la situation près de la Rochelle nuisait beaucoup à la sécurité de cette ville (1). Parti de Portsmouth vers la fête de la Pentecôte de l'année 1206, le roi débarqua à la Rochelle, à la tête d'une armée. Beaucoup de seigneurs, parmi lesquels le vicomte de Thouars, tenait le premier rang, travaillés par Savary et reniant les serments faits au roi de France, se rallièrent à lui (2). Il parcourt alors, le plus souvent en compagnie de Savary, la partie du Poitou demeurée anglaise et la Saintonge jusqu'en Bordelais.

Le 29 mai, à Saint-Michel-en-l'Herm et sur son rapport favorable, il ordonne de restituer au maire de l'île d'Oléron et à deux commerçants de la Rochelle un navire chargé de vins, indûment capturé (3). Le 15 juin, il reconnaît le service que lui a rendu Chalon de Rochefort qui vient de lui livrer la ville de Saint-Maixent, en accordant la liberté à son frère Maurice confié à la garde de Renaud de Pons (4). Le 19 juin, étant à Niort, Jean désormais certain du dévouement de son sénéchal, mit en liberté sa mère et son épouse encore retenues comme otages à Northampton, enjoignant aux officiers de cette place de les faire conduire à la Rochelle (5). Le 22 août il lui confie la garde du château de Bénauges (6). Puis il entre en campagne contre le roi de France qui, à la nouvelle de son débarquement, s'est empressé de mettre en état de défense les villes de Poitiers, Mirebeau et Loudun (7). Il pénètre jusqu'en Anjou, s'empare d'Angers qu'il livre au pillage, le 5 septembre, et ravage toute la contrée circonvoisine. Mais apprenant l'approche du roi Philippe-Auguste accouru à Chinon pour s'opposer à ses progrès, Jean-sans-Terre confie la garde d'Angers à Savary de Mauléon et bat en retraite vers le Poitou en essayant vainement d'emporter le petit château de Trêves. Savary ne tarde pas à le

(1) *Rotuli litterarum patentium*, t. I, p. 58.
(2) *Hist. des ducs de Normandie et rois d'Angleterre.* — Rigord, *De gestis Philippi Augusti.* — *Rot. litt. pat.*, t. I.
(3) *Rotuli litterarum clausarum*, t. I, p. 72.
(4) *Rotuli litterarum patentium*, t. I, p. 66.
(5) *Rotuli litterarum patentium*, t. I, pp. 66-67.
(6) *Rotuli litterarum patentium*, t. I, p. 66.
(7) *Grandes chroniques de France*, t. IV.

rejoindre. Le roi de France qui cherchait évidemment à leur couper le passage, saccageait les terres du vicomte de Thouars dont il voulait punir la trahison (1). Après diverses manœuvres des deux armées autour de cette place importante, où Jean-sans-Terre s'était réfugié du 3 au 8 octobre, une trêve d'une année dans laquelle était compris le vicomte y fut conclue le 26 octobre. Savary de Mauléon s'engagea à la faire observer au nom du roi d'Angleterre, tandis que son oncle Guillaume prenait le même engagement au nom du roi de France (2). Jean-sans-Terre n'avait pas réussi dans sa tentative. Toutefois il n'avait perdu ni territoire, ni partisans.

Avant de quitter la Rochelle pour regagner l'Angleterre, le 4 novembre 1206, il chargea Savary de Mauléon de recevoir les hommages des vassaux du comté d'Angoulême, propriété de la reine. Il fit remettre en sa garde les châteaux de Benauges et de Saint-Mathieu, en Bordelais, et lui confia en général la défense des sénéchaussées de Poitou et de Gascogne (3). Ce n'était pas une facile besogne. Malgré l'envoi d'un subside de 5,000 marcs d'argent, fait au mois de janvier 1207 (4), et le zèle qu'il déploya, Savary ne put s'opposer efficacement à une nouvelle attaque de Philippe-Auguste. Le vicomte de Thouars particulièrement menacé implora son secours, aussi bien que celui des autres seigneurs poitevins, dans une de ces chansons romanes si communes et si goûtées à cette époque, œuvre de quelque troubadour à ses gages. « Savary de Mauléon, bon chevalier de bataille, si tu nous fais défaut en cette extrémité, notre peine est peine perdue (5) ». Le roi de France, accompagné de son maréchal Henri-Clément et de Guillaume des Roches, sénéchal d'Anjou, n'en porta pas moins le ravage dans la vicomté de Thouars. Il s'empara de Parthenay, où il ratifia un acte de Guillaume de Mauléon, seigneur de Fontenay, qui, bien différent de son neveu, lui demeurait toujours fidèle, ne reculant

---

(1) *Chronique de Saint-Aubin d'Angers*, p. 56. — Rigord, *De gestis Philippi Augusti*. — Guill. Armor. *De gestis Phillippi Augusti*.

(2) *Grandes chroniques de France*, t. IV. — Rymer. — *Hist. des ducs de Normandie et rois d'Angleterre*. — Rigord, idem. — Guill. Armor., idem.

(3) *Rotuli litterarum patentium*, pp. 66-67.

(4) *Rot. litt. clausarum*, t. I, p. 77.

(5) *Chansons historiques*, par Leroux de Lincy, dans la *Bibl. de l'école des Chartes*, t. I, p. 359.

même pas devant une lutte ouverte avec le vicomte de
Thouars (1).

C'est peut-être grâce aux efforts de Savary que la ville de
Thouars ne succomba pas comme Parthenay. Quoiqu'il en soit
et malgré la présence des deux lieutenants du roi de France
dans le Poitou, il continua à remplir avec activité ses fonctions
de sénéchal de l'Angleterre. Le château de Clisson avait été
remis entre ses mains par Renaud de Maulévrier, par ordre du
roi Jean-sans-Terre. Celui-ci lui manda en même temps, le
2 mai 1207, de le restituer à Guillaume de Clisson, s'il n'y trouve
pas d'inconvénient, mais à condition d'en recevoir des otages
comme gages de fidélité (2). Guillaume Le Queux, ancien agent
royal dont les Niortais avaient eu à se plaindre en 1205,
étant rentré au service du roi Jean, Savary reçut l'ordre, le
7 août 1207, de lui restituer ses biens confisqués et de lui laisser
en garde le château de Merpins, en Saintonge (3).

L'année suivante, 1208, Savary de Mauléon prit hardiment
l'offensive et poussa une pointe vigoureuse en Anjou pour y
opérer une razzia à la tête d'une troupe de chevaliers poitevins
où figurait encore le vicomte de Thouars. Mais au moment où
ils rentraient dans leur pays chargés de butin, ils furent subi-
tement attaqués par trois cents hommes d'armes aux ordres du
maréchal Henri Clément et de Guillaume des Roches, sénéchal
d'Anjou, lieutenants de Philippe-Auguste, qui arrivaient de
Troô. Le vicomte de Melun les accompagnait. Le combat engagé
dans un gué marécageux, peut-être sur la Dive, que traversaient
les Poitevins, fut soutenu avec sang-froid par Savary. Néan-
moins il fallut céder au nombre et prendre la fuite, laissant
entre les mains des Français cinquante-deux chevaliers, notamment un frère et un fils du vicomte de Thouars et le sire de
Mauzé qui furent envoyés captifs à Paris (4).

Cette déroute accidentelle ne changeait rien à la situation
générale. Savary de Mauléon demeurait toujours le plus ferme
soutien de l'autorité du roi d'Angleterre sur la partie de la

(1) Rigord, *De gestis Philippi Augusti.* — *Arch. hist. du Poitou*, t. I,
p. 122. — *Cartulaire du Bas-Poitou*, prieuré de la Chaise, p. 34.

(2) *Rotuli litterarum patentium*, t. I, p. 71. — *Rot. litter. clausarum*,
t. I, p. 82.

(3) *Rotuli litterarum clausarum*, t. I, pp. 61 et 89.

(4) Rigord, *Gesta Philippi-Augusti.* — Guill le Breton, *Philippide*, l. VIII,
et chronique. — *Grandes chroniques de France.*

SAVARY

sénéchaussée de Poitou reprise au roi de France. Pendant que Jean sans Terre, plein de confiance dans sa fidélité, lui envoyait à la Rochelle un nouveau subside de 2,200 marcs d'argent vers le mois de septembre 1208 (1), lui concédait le droit de battre monnaie (2), et enjoignait à tous ses sujets de Poitou et de Gascogne, le 7 avril 1209, de lui obéir en qualité de sénéchal (3), Philippe-Auguste comprenant la valeur d'un pareil homme, cherchait à l'attirer à son service. Savary prêta l'oreille à ses propositions. Des négociations secrètes engagées peut-être par son oncle Guillaume, que le roi était venu trouver à Mauléon au mois de mai 1208 (4), amenèrent un traité ou plutôt un projet de traité, arrêté à Saint-Germain-en-Laye, à une époque non déterminée, mais que l'on place en 1209 ou en 1212. Savary se soumettait au roi de France et s'engageait à combattre Jean-sans-Terre. Le roi lui fournirait pour une certaine période cent chevaliers et cent sergents à cheval, soldés par son trésor. Il lui donnerait la Rochelle en fief s'il pouvait l'enlever à l'Angleterre, ainsi que Cognac. Il promettait en outre de ne jamais traiter sans lui avec le roi Jean, ni avec le vicomte de Thouars, ni avec Renaud de Pons. Les Lusignan et Guillaume de Mauléon devaient se porter cautions pour Savary (5). Tout porte à croire que cette convention demeura à l'état de projet et ne reçut point pour le moment la ratification définitive des parties, car Savary ne modifia en rien son attitude, du moins en apparence. Il ne sentait pas sans doute le terrain suffisamment préparé.

Nous le voyons, en effet, bientôt en 1211, partir pour le Languedoc où son maître le roi d'Angleterre l'envoyait au secours de Raymond VI, comte de Toulouse, menacé par la croisade contre les Albigeois. Savary s'avança par Bergerac vers le théâtre de la guerre avec un contingent de chevaliers poitevins et gascons et d'aventuriers basques et brabançons. Dans une pièce de vers de sa composition, car il était troubadour autant que guerrier, adressée à la comtesse de Toulouse en termes galants, forme obligée de toutes les poésies de ce

(1) *Rotuli litterarum patentium*, t. I, p. 83.
(2) *Poitou et Vendée*, par B. Fillon.
(3) *Rotuli litt. patent.*, t. I, p. 90.
(4) *Catalogue des actes de Philippe-Auguste*, par L. Delisle, p. 252.
(5) Dom Martenne, *Amplissima collectio*, t. I, p. 1,088. — Dom Fonteneau, t. XXVII bis, p. 657. — *Catalogue des actes de Philippe-Auguste*, par L. Delisle, pp. 315-316.

temps-là, il annonce qu'il va lui porter secours à la tête de 500 Basques et Brabançons.

Il reçut à Bergerac une grosse somme du comte Raymond. Puis il rallia l'armée toulousaine qui assiégeait Castelnaudary. Pendant que le redoutable Simon de Montfort, chef de la croisade, lui livrait bataille dans le but de dégager les assiégés, le sénéchal de Poitou tenta l'assaut du château pour opérer une diversion. Mais il échoua, et l'armée toulousaine ayant été mise en pleine déroute, il eut du moins le mérite par son sang-froid de maintenir un peu d'ordre dans la retraite (1). Son intervention dans cette guerre, où il ne s'était d'ailleurs engagé que sur l'ordre de son souverain, le fit gravement soupçonner d'hérésie. L'historien Pierre de Vaux Cernay le traite de diable, de scélérat, d'apostat. L'excommunication dont il fut frappé ne tarda pas à le faire réfléchir. Il abandonna donc le comte de Toulouse auquel il n'oublia pas toutefois de réclamer le prix de ses services. Celui-ci ayant refusé, Savary de Mauléon, sans le moindre scrupule, s'empara de la personne de son jeune fils et se retira à Bordeaux. Possesseur d'un gage si précieux, il était en mesure d'exiger tout ce qu'il désirait. Le comte vint le trouver, à l'époque du siège de Moissac par les croisés, en 1212. Mais il n'en obtint la remise de son fils que moyennant 10,000 livres, somme qui sous l'apparence de rémunération n'était au fond qu'une rançon déloyale (2). Ce fait dénote chez notre chevalier une ardente cupidité que d'autres actes achèveront de démontrer.

Jean-sans-Terre se montra très irrité du mauvais procédé de Savary envers le comte de Toulouse dont il était l'oncle (3). C'est probablement pour ce motif qu'il lui enleva la sénéchaussée de Poitou pour la donner à Yvon de la Jaille auquel il mande, le 10 mai 1212, de remettre Frontenay à Hugues de Rochefort, si celui-ci fait sa soumission (4). De son côté, Savary non moins mécontent, s'était retiré dans ses domaines, et c'est peut-être alors qu'il reçut du roi de France les ouvertures dont nous avons parlé plus haut. Le 28 juin 1212, nous le trouvons dans

(1) *Chanson de la croisade contre les Albigeois.* — *Pierre de Vaux Cernay.* — *Histoire littéraire,* t. XVIII. — *Philippide,* l. VIII. — Dom Vaissette, *Hist. du Languedoc,* t. VI, p. 349.

(2) *Histoire des ducs de Normandie et rois d'Angleterre.* — *Chanson de la croisade contre les Albigeois.*

(3) *Hist. des ducs de Normandie et rois d'Angleterre.*

(4) *Rot. litt. patent.,* p. 92.

son château de Pouzauges, fondant, de concert avec son épouse
Belle-Assez, un anniversaire dans l'abbaye de l'Absie pour
leurs parents et pour eux-mêmes (1). Déjà avant son départ
pour le Languedoc, en 1211, il avait confirmé avec son oncle
Guillaume les donations faites par leurs prédécesseurs à l'abbaye
d'Orbetier, en Talmondais (2).

Disgracié par Jean-sans-Terre, Savary jugea le moment
opportun d'opérer une conversion vers Philippe-Auguste et
de faire avec lui le traité dont il a été parlé ci-dessus. Ce
monarque reçut son serment dans l'assemblée de Soissons,
au mois d'avril 1213. Il n'avait sans doute qu'une médiocre
confiance en son dévouement, car la versatilité politique des
seigneurs poitevins en général, et celle de Savary en particulier,
était alors proverbiale. L'historien Guillaume-le-Breton le cons-
tate formellement en rapportant cet événement (3). Mais le roi
de France désirait utiliser les talents nautiques de Savary dans
la grande expédition qu'il préparait contre l'Angleterre sur les
côtes du Boulonnais. La possession, soit par lui-même, soit par
son oncle Guillaume, de l'île de Ré, de tout le rivage de l'Océan,
depuis Châtelaillon jusqu'au delà d'Olonne, de ports et de forte-
resses à l'Aiguillon (4), à Saint-Michel-en-l'Herm, au port
la Claye dans la rivière du Lay, à Talmond, aux Sables-
d'Olonne, devait faire tout naturellement de Savary un marin
et même un pirate. C'est par cette dernière qualification, *pirata
rapax Savaricus*, que le désigne l'annaliste Guillaume-le-
Breton (5). Le port Savary, près de la Rochelle, et le port
la Claye sont même signalés comme étant les refuges où il
recelait le produit de ses brigandages (6). Placé par Philippe-
Auguste à la tête de sa flotte réunie sur les rivages du Boulonnais, Savary de Mauléon pouvait rendre les plus grands
services. Le contingent de vaisseaux et de marins poitevins
qu'il avait amenés était surtout loin d'être à dédaigner.

(1) *Chartes de l'Absie*, dans Baluze, t. LI, pp. 81-82.

(2) *Cartulaire d'Orbetier*, ap. *Arch. hist. du Poitou*, t. VI, p. 20.

(3) Guill.-le-Breton, *Philippide*, liv. IX, v. 201.

(4) Il avait échangé la terre de l'Aiguillon avec l'abbaye de Saint-Michel-en-
l'Herm contre les s^ies d'Ars et de Loix dans l'île de Ré (*Hist. de St-Michel-
en-l'Herm*, par Brochet, d'après le mémorial de Herpin, p. 14).

(5) *Philippide*, liv. IX, v. 393.

(6) *Histoire de la Rochelle*, par Arcère, I. — *Poitou et Vendée*, par
B. Fillon, St-Cyr, p. 12. — *Savary de Mauléon*, par de la Fontenelle, ap.
Revue Anglo-Franc., 2e série, t. II, 327.

Après deux stations à Calais et à Gravelines, la flotte commandée par Savary reçut tout à coup l'ordre de cingler vers la Flandre que Philippe-Auguste envahissait en même temps avec une armée et où il prenait Cassel. Elle pénétra dans le port de Dam à la fin de mai 1213. De même que toutes les riches cités flamandes, ce port regorgeait de marchandises apportées là, comme dans un entrepôt, par le commerce des contrées les plus lointaines. L'avide corsaire poitevin ne peut résister à l'appât de tant de richesses. Il y a là une fortune facile à faire ; il n'hésite pas, pour se l'approprier, à fouler aux pieds les lois les plus élémentaires de la guerre, de la justice et de la prudence. De concert avec Cadoc, chef des routiers de Philippe, non moins avide que lui, il se jette sur la ville qu'il livre au pillage le plus effréné. L'arrivée de la flotte anglaise de Guillaume de Salisbury qui, le 30 mai, captura ou détruisit quatre cents navires français qui n'avaient pu pénétrer dans le port de Dam, faillit leur faire perdre tout le fruit de leurs rapines. Bientôt la ville est attaquée par les Anglais et les Flamands du comte Ferrant. Mais les Poitevins de Savary, *dira cohors*, plus préoccupés de la conservation des dépouilles des malheureux habitants, ne songent nullement à concourir à la défense. Philippe-Auguste accourt enfin de Gand à marches forcées, et met en fuite l'ennemi auquel il tue 2,000 hommes. Puis, ayant fait décharger le reste de la flotte, il la livre aux flammes, ainsi que la ville de Dam, et rentre en France, ne conservant de ses conquêtes que Lille et Douai (1).

La conduite inqualifiable de Savary dut nécessairement mettre beaucoup de refroidissement entre lui et le roi de France. Rentré en Poitou, Savary, qui regrettait, paraît-il, d'avoir abandonné Jean-sans-Terre, ne tarda pas à recevoir de celui-ci des ouvertures amicales. Des lettres royales datées de Claremont, le 22 août 1213, accréditèrent près de lui le chambellan Geoffroi de Neuville et Philippe d'Aubigny revêtus de tout pouvoir pour négocier sa réconciliation (2). Ses intérêts, autant que l'habileté des ambassadeurs anglais, le ramenèrent à Jean-sans-Terre qui s'empressa de le prendre sous sa sauvegarde (3). Mais le moment

(1) Guillaume-le-Breton, *Philippide*, liv. IX, v. 292, 393. — *Grandes chroniques de France*, éd. Paris, t. IV, 155, 157. — *Histoire de la Rochelle*, par Arcère, t. I.

(2) *Rotuli litterarum patentium*, I, 115. — Massiou, *hist. de Saintonge*, II.

(3) *Rot. litt. patent.*, I, 115.

favorable de faire une nouvelle défection publique n'était pas arrivé. Il se trouvait alors près de son oncle, Guillaume de Mauléon, gravement malade au château d'Olonne. Le 24 décembre 1213, il assistait à son testament auquel il donnait son consentement. Guillaume mourut peu de temps après, le 27 février 1214. Il avait choisi sa sépulture dans l'église de l'abbaye de Sainte-Croix de Talmond (1). Sa veuve, Béatrix de Machecoul, épousa Aimeri qui devint plus tard vicomte de Thouars (2).

Le riche héritage de Guillaume doublait au moins la puissance territoriale de Savary. Déjà maître de l'île de Ré, de Châtelaillon, Angoulins, Benon, par droit paternel, de Pouzauges, Chantemerle et Pareds, par sa femme, il entrait en possession de Mauléon, Fontenay, Saint-Michel-en-l'Herm, les Moutiers-les-Mauxfaits, Talmond, le Talmondais et l'Olonnais, dont son oncle n'avait eu d'ailleurs que l'usufruit en vertu de ce droit particulier aux successions nobles du Bas-Poitou, connu sous le nom de droit de viage ou de retour. Devenu de la sorte l'un des plus puissants seigneurs de l'ouest, en même temps qu'il en était le plus guerrier, le plus entreprenant, on conçoit aisément que son alliance ait été si recherchée par les deux puissances qui se disputaient ces belles provinces.

Lorsque le roi Jean débarqua à la Rochelle, au commencement de l'année 1214, il trouva son ancien serviteur tout disposé à se déclarer publiquement son partisan. Le jour même de la conquête du château de Milescu en Aunis sur Guillaume-Porteclie, s[r] de Mauzé, le 10 mars 1214, il vit accourir Savary dont il reçut le serment de fidélité (3). Il le comble alors de nombreux bienfaits. Le 25 mars il lui concède ou plutôt lui restitue les droits de minage de Niort (4). Le 22 septembre, il lui confirme le droit de battre monnaie dans le système poitevin

(1) *Cartulaire de Talmond*, publié par Mr de la Boutetière, dans les *Mém. de la Soc. des Antiq. de l'Ouest*, t. XXXVI, p. 378-381.

(2) *Notice sur les vicomtes de Thouars*, par Imbert, ap. *Mém. Antiq. Ouest*, t. XXIX. — *Notes et croquis sur la Vendée*, par de Montbail, p. 126. Voir dans ce dernier ouvrage la légende qui raconte les crimes de Béatrix se nourrissant de la chair des petits enfants, sa pénitence et son ensevelissement dans l'abbaye des Fontenelles. Le curieux tombeau qu'on y voit est en réalité celui de sa fille Jeanne de Thouars, qui épousa Hardouin de Maillé, puis Maurice de Belleville.

(3) Mathieu Pâris. — *Rott. litt. pat.*, I, 111. — Rymer, I, 118, 192. — *Mauzé*, par Faye, ap. *Mém. Antiq. Ouest*. — Massiou, *Hist. de Saintonge*.

(4) *Rott. litt. claus.*, I, 142.

avec cours dans la province (1). Un peu plus tard, les 27 mai et 31 août 1215, il l'autorise à en fabriquer dans le système tournois, avec cours forcé en Angoumois et en Gascogne comme en Poitou. Les deniers d'argent de Savary de Mauléon, du système poitevin ancien, portent à l'obvers une croix grecque et la légende *Savaricus*, au revers l'inscription *Metalo*. Ceux du système tournois portent du côté principal une croix grecque avec la légende *Ihesus*, et au revers trois petites croix avec la légende *Ms. leo. civi.* (*Malus leo civitas*). Ces monnaies de mauvais aloi en général ne furent reçues qu'avec défaveur, et il fallut l'autorité de Jean-sans-Terre pour en maintenir le cours (2).

Savary de Mauléon rendit un éminent service au roi d'Angleterre en négociant sa réconciliation avec les Lusignan. Obligé, pour combattre avec quelque chance le roi de France, de se concilier de gré ou de force les membres de cette puissante famille, Jean-sans-Terre conquit les châteaux de Mervent et de Vouvent sur Geoffroi de Lusignan les 17 et 22 mai 1214. Mais il fallait s'assurer leur alliance d'une manière définitive par la concession d'avantages réciproques. C'est le résultat que Savary poursuivit avec succès. Un important traité fut signé à Parthenay, le 27 mai, entre le roi Jean d'une part, Hugues de Lusignan, comte de la Marche, Raoul, comte d'Eu, son frère, et Geoffroi de Lusignan, d'autre part. Le roi accordait sa fille Jeanne en mariage au fils du comte de la Marche avec le bailliage de Saintes et l'île d'Oleron, à titre de dot. Il restituait leurs biens à Raoul, à Geoffroy et à tous leurs vassaux ou partisans. Il reçut d'eux en retour le serment de fidélité et la promesse de le servir. Ce traité le délivrait d'un grand souci et lui apportait une véritable force. Savary l'avait signé en compagnie de tous les grands seigneurs poitevins, le vicomte de Thouars et son fils, Aimeri et Chalon de Rochefort, Geoffroy de Taunay, Renaud de Pons, Guillaume de Puichenin, etc. Le 29 mai, le roi Jean, à la tête de cette brillante chevalerie et de son armée, partait plein d'espoir de Parthenay se dirigeant vers l'Anjou pour entreprendre la campagne contre le prince Louis, fils de Philippe-Auguste (3).

(1) *Rotuli chartarum*, I, 201.

(2) *Rotuli litterarum patent.*, I. — *Notice sur la monnaie des seigneurs de Mauléon*, par Lecointre-Dupont.

(3) Rymer, *Fœdera*, I, 189. — *Rot. chart.* — *Rott. litt. pat.* — *Rot. litt. claus.*

Le succès si bien préparé ne couronna point leurs espérances. Le roi Jean prit d'abord Angers et Beaufort, et tenta même le siège de Nantes où il fit prisonnier le frère du duc Pierre de Bretagne. Mais battu devant la Roche-au-Moine par le prince Louis pendant que la coalition contre la France tombait terrassée à Bouvines (27 juillet 1214), il fut refoulé en Poitou. Le prince Louis le suivit de près, reprenant toutes ses conquêtes, ravageant la vicomté de Thouars et s'emparant de Moncontour (1). Jean-sans-Terre revint à Parthenay le 29 août. Il nourrissait encore quelque espoir. Mais la soumission du vicomte de Thouars et l'arrivée menaçante de Philippe-Auguste à Loudun le déterminèrent à entamer des négociations. Une trêve de cinq ans fut conclue entre les deux rois, ratifiée à Chinon le 18 septembre par Philippe-Auguste, et à Parthenay par Jean-sans-Terre. Savary de Mauléon fut l'un des barons qui jurèrent son observation au nom du monarque anglais et en leur propre nom (2). L'Angleterre était vaincue, mais elle conservait encore le Poitou, à l'exception de Poitiers et du haut Poitou, qui, depuis 1204, n'avaient point été entamés. La poire n'était pas mûre. Il fallait attendre encore dix ans avant qu'il fût possible à la France de la détacher.

§ II. — *Savary de Mauléon, depuis la trêve de 1214 jusqu'en 1224.*

La carrière des combats semblait dès lors fermée pour Savary. Mais la guerre civile qui éclata entre Jean-sans-Terre et la féodalité anglaise lui fournit l'occasion de faire briller de nouveau ses talents militaires. A vrai dire, l'appât du gain fut très probablement le principal attrait qui l'attira dans cette lutte étrangère, car le roi payait généreusement les mercenaires qu'il employait contre ses sujets. Dès le mois de février 1215, Savary reçut de sa libéralité une somme de 300 marcs (3). Puis il partit pour l'Angleterre à la tête de chevaliers et de soldats d'aventure recrutés dans les provinces de l'Ouest, parmi lesquels on remarque Geoffroy et Olivier de Bouteville. Après leur débar-

---

(1) *Grandes chroniques de France*, IV, 198. — *Rad. Coggeshale, chron. angl*, ap. *Hist. Franc.*, t. XVIII, 107.

(2) *Layettes du trésor des chartes*, I, 405, 406. — *Grandes chroniques de France.* — Guillaume-le-Breton, *de gestis Philippi-Augusti*.

(3) *Rot. litt. pat.*, I, 128.

quement à Douvres, le roi les envoya au château de Winchester dont la garde fut confiée à Savary (11 mai 1215). Pierre des Roches, évêque de cette ville, chancelier de l'échiquier, poitevin d'origine et grand protecteur de ses compatriotes à la cour d'Angleterre, était spécialement chargé de les recevoir (1). Le roi payait largement leurs services aux dépens des rebelles. Le 2 octobre 1215 il donnait à Savary les biens de Renaud de Cornouailles (2). Lors de la prise de Rochester sur l'armée des barons, il voulait dans sa fureur faire pendre tous les défenseurs. Savary de Mauléon, poussé par un double sentiment de politique et d'humanité, s'opposa de toutes ses forces à cette barbare exécution, et réussit à sauver la plupart des prisonniers (30 novembre 1215). Nommé chef de la moitié de l'armée royale, il se distingua en toutes circonstances par son dévouement énergique. Le château du Plessis, l'abbaye de Tillet, Coggeshal, l'île d'Ely tombèrent en son pouvoir (décembre 1215 et janvier 1216). Les pillages et les cruautés qui accompagnèrent ou suivirent ces divers combats ne doivent pas surprendre de la part de Savary et de ses compagnons. Le caractère d'acharnement qu'avait pris la guerre, de part et d'autre, les expliquerait d'ailleurs suffisamment. Savary entreprit le siège du château de Colchester, mais il le leva quand il apprit l'approche de l'armée des barons qui accourait de Londres. Il battit en retraite vers Saint-Edmond, le mercredi, après la Purification de l'année 1216. Peu de temps après, il courut un grand danger dans un combat livré aux habitants de Londres où il reçut une blessure (mars 1216) (3).

L'arrivée du prince français Louis que les barons anglais dans leur irritation avaient appelé à leur secours compromit gravement la cause du roi Jean. En présence de ce nouvel adversaire, Jean se retira à Winchester avec Savary de Mauléon, auquel il confia la défense de la ville et du château. Savary incendia la ville et se fortifia dans le château, où il fut bientôt assiégé par le prince Louis. Après une assez longue résistance, il lui rendit la place et rejoignit le roi Jean au château de Corff dont il avait jadis connu le séjour au temps lugubre de sa captivité. Jean qui continuait la lutte sans se décourager, lui donna le comman-

(1) Mathieu Pâris, t. III, 59. — Rot. litter. patent. I, 135. — Mém. des Antiq. de l'Ouest, t. XXXII, discours de M. Lecointre.

(2) Rot. lit. patent., I, 153.

(3) Rad. Coggeshale, chron. angl., ap. Hist. Franc., XVIII, 110. — Mathieu Pâris, Hist. angl. major.

dement du château de Bristol. Mais sa mort inopinée, arrivée le 18 octobre 1216, changea totalement la face des affaires (1). L'avènement du jeune Henri III et l'habileté du régent comte de Pembrok modifièrent sensiblement l'attitude des barons rebelles. La concession d'une grande charte de libertés, faite par la couronne dès le 12 novembre, leur donna une complète satisfaction. Savary fut un des signataires de cet acte fameux qui eut lieu à Bristol (2). Désormais il n'avait plus rien à faire en Angleterre où la guerre l'avait rendu odieux à l'aristocratie. Il regagna donc le Poitou où il signala son arrivée par la donation d'un marais à l'abbaye de Talmond, donation confirmée par sa sœur Eustachie (1216) (3).

La paix régnait alors dans l'ouest, en vertu de la trêve de 1214. Le pape Honorius III ne cessait de solliciter des peuples chrétiens l'envoi d'une expédition en terre sainte. Le 16 décembre 1216, il avait adressé à ceux des bourgeois de la Rochelle qui avaient pris la croix, une bulle par laquelle, dans le cas où retenus par leurs affaires ils enverraient des combattants à leur place et à leurs frais, des indulgences semblables à celles des croisés en personne leur étaient assurées (4). Savary de Mauléon suivit le mouvement. En 1217, il prit la croix et se prépara au voyage en mettant ordre, par des donations pieuses, aux affaires de sa conscience. Il confirme, cette même année, et augmente même les biens du prieuré de Saint-Lambert, près de Mauléon, par acte daté de l'Aiguillon (5). L'abbaye des Fontenelles, fondée par son oncle Guillaume, est gratifiée d'une charte semblable (6). En 1218, il donne au prieuré de Saint-Nicolas-de-la-Chaume son fief des Vieilles Vignes, près de la Chaume, des terrages à Olonne et un droit de 12 deniers sur chaque bateau de pêche du port d'Olonne. Cet acte est passé dans l'église même de Saint-Nicolas (7). La même année, étant dans l'île de Ré, il concède, au même prieuré de Saint-Nicolas,

---

(1). *Ex ann. Wintoniensis ecclesiæ*, ap. *Histor. Franc.*, XIX, 262. — *Hist. des ducs de Norm. et rois d'Anglet.*, 172, 181.

(2) *Layettes du trésor des chartes*, I, 434.

(3) *Cartul. de Talmond*, p. 382.

(4) *Bibl. de l'école des chartes*, 4ᵉ série, t. IV, 167, 168.

(5) *Dom Fonteneau*, t. XXV, p. 201.

(6) D. Fonteneau, t. VIII, 417. — *Cart. d'Orbetier*, ap. Arch. hist. du Poit., VI, 31.

(7) *Cartulaire de Talmond*, n° 441. — *Bull. de la Soc. d'émul. de la Vendée*, t. XXV, p. 13.

la création de deux foires et un emplacement pour fonder, entre
le port et le fief de vignes de la Tour, un nouveau village franc
de toutes tailles, à l'exception du droit de pêche dû par tous les
pêcheurs (1). L'aumônerie d'Olonne reçoit, à la même époque
de sa munificence, le four banal et le minage de ce bourg, le
minage du château d'Oionne, plus un droit d'usage dans la forêt
d'Orbetier (2). Il se montre surtout libéral envers l'abbaye de
Talmond, située au siège même de sa principauté, car il portait
dès lors le titre de prince de Talmond. Par acte daté de Saint-
Michel-en-l'Herm, en 1218, il lui confirme d'abord toutes ses
possessions (3), puis il lui donne la chapelle de Saint-Nicolas-
de-Jard fondée par lui, avec les terrages des paroisses de Saint-
Hilaire-de-la-Forêt et de Saint-Vincent-de-Jard (4), plus le
droit de percevoir sur un vaisseau de pêche du port d'Olonne la
taxe qu'il percevait sur tous les autres bateaux (5). Par acte
daté de l'Aiguillon, il lui concède la faculté de fonder, près de
l'église de Notre-Dame du Breuil, un nouveau bourg exempt
de toute redevance, et d'y établir une foire de trois jours ; il y
ajoute les terrages de la paroisse de Saint-Hilaire, près de
Talmond (6).

Enfin, toujours en 1218, par acte daté de Curzon, il fait au
prieuré de Fontaines diverses restitutions, renonçant notamment
au droit qu'il s'était attribué injustement de lever, sur les
domaines des moines, le blé et le vin nécessaires à l'approvi-
sionnement de la tour de Talmond (7). Savary voulut aussi,
avant son départ, récompenser les services d'un de ses chevaliers et compagnons d'armes, nommé Lysée Lhermite. Par acte
du mois de juin 1218, il lui donna, à charge d'hommage lige,
Chateauneuf et ses dépendances entre la Sèvre nantaise et le
château d'Hérisson, plus diverses masures de terre et borderies
situées entre Hérisson et Parthenay, dans la paroisse de Saint-

(1) *Cartul. de Talmond*, n° 442. — La tour dont il est question dans cette
charte de 1218 n'est autre que la tour de la Chaume, dite anciennement de
l'Arondelle ou de *l'Erondelle*, et *tour d'Olonne* dans le *portulan* de 1468.
Aujourd'hui elle sert de phare. (*Mémoire sur l'ancienne configuration du
littoral bas-poitevin*, par *Joussemet*, publié par M. Fillon, 1876, p. XXI.)

(2) *Bull.* de la Soc. d'émul. de la Vendée, t. v, 165.

(3) *Cart. de Talmond*, n° 444.

(4) *Idem*, n° 443.

(5) *Idem*, n° 450.

(6) *Idem*, n° 446.

(7) *Cartulaires du Bas-Poitou*, par Marchegay. — Cart. de Marmoutiers,

Aubin. Une partie de ces domaines relevait alors de la châtellenie de Chantemerle que Savary possédait, on le sait, du chef de sa femme Belle-Assez. C'est ce qui explique le consentement donné par cette dernière à la donation (1).

Savary de Mauléon, que les actes précédents nous montrent parcourant ses domaines en tous sens durant cette année 1218, s'occupait de réunir toutes les ressources nécessaires pour son expédition. Le pape Honorius III lui accorda, ainsi qu'au comte de la Marche qui s'était aussi croisé, le vingtième des revenus ecclésiastiques du diocèse de Poitiers (2). Il emprunta en outre de Geoffroi de Neuville, chambellan de Henri III, par acte passé à la Rochelle, la somme de trois mille vingt-sept livres tournois, lui donnant en gage ses seigneuries de l'île de Ré, Châtelaillon, Benon et Bouet (1218) (3). Or, Geoffroi de Neuville tenait cette somme du maire et des bourgeois de la Rochelle, qui eux-mêmes l'avaient empruntée à des marchands. Plus tard, en octobre 1222, les bourgeois, mis en demeure de rembourser les marchands et ne pouvant rien obtenir de Geoffroi de Neuville, s'en plaignirent au roi dans une lettre, où ils lui demandaient de venir en aide à leur détresse (4).

Cependant l'armée de Jean de Brienne, roi de Jérusalem, qui assiégeait en ce moment Damiette, réclamait avec instance les secours de l'occident. Le pape pressait de toutes ses forces le départ des croisés dont une partie, aux ordres de Hugues de Lusignan, comte de La Marche, et du comte de Nevers, était réunie à Gênes (5). Savary se rendit à Rome, avec ses compagnons, vers la fin de juin 1219. Il y emprunta à des marchands une nouvelle somme de 1,200 marcs d'argent, hypothéquée sur le vingtième du diocèse de Poitiers (6). On ne connaît point les noms de tous les croisés poitevins qui prirent part à l'expédition.

(1) *Cartulaire de Rays* (arch. de M^r le duc de la Trémoille), p. 352. — Chateauneuf en la paroisse de Largeasse, érigé en châtellenie, releva ensuite de la baronnie de Parthenay. (Voir *la Gâtine historique et monumentale*, par B. Ledain.)

(2) *Hist. Franc.*, par D. Bouquet, t. XIX, pp. 679, 689, lettres d'Honorius III.

(3) *Histoire de la Rochelle*, par Arcère, t. I, p. 205, note. — Arcère se trompe en lui donnant le nom de Geoffroi de Mailly. La lettre de 1222 démontre qu'il s'agit du chambellan Geoffroi de Neuville.

(4) *Royal and other historical letters of the reign of Henry III*, t. I, pp. 189, 190.

(5) *Hist. Franc.*, par D. Bouquet, t. XIX, 663.

(6) *Idem*, t. XIX, p. 689.

Citons Guillaume Porteclie, *seigneur de Mauzé et de Marans*,
Renaud de Pons, Sébrand Chabot, Hugues et Eustache de
Mairé, Aimeri de Saint-Georges, s^r de Pauléon (1). Le comte
Renaud de Chester accompagnait Savary (2). Enfin, les croisés
français et italiens réunis partirent de Gênes le 23 juillet 1219.
Ils étaient montés sur dix galères génoises, une du comte de
Syracuse et trois de Savary de Mauléon. Lorsque la flotte
apparut en vue de Damiette, il n'était que temps. Les chrétiens
qui, sous les ordres du roi de Jérusalem et des grands maîtres
du temple et de l'hôpital, assiégeaient depuis plus d'un an cette
ville, désespéraient du succès. Des cris de joie accueillirent
l'arrivée du secours amené par Savary, dont la réputation leur
faisait concevoir les plus belles espérances. Les combats recommencèrent avec plus de vivacité. Huit jours après environ,
le 5 novembre 1219, Damiette fut emportée d'assaut (3).

On ignore à quelle époque Savary de Mauléon revint d'Orient.
Nous ne retrouvons sa trace qu'en septembre 1220 et dans une
charte de 1221, par laquelle il renouvelle l'abandon déjà fait par
lui, au prieuré de Fontaines, des droits injustes qu'il en
exigeait (4). Quoi qu'il en soit, lorsqu'il reparut en Poitou il
trouva le pays profondément troublé. De graves dissentiments
avaient éclaté entre le roi d'Angleterre et Hugues de Lusignan,
fils de celui qui avait péri à Damiette, devenu récemment
l'époux de la reine Isabelle d'Angoulême, veuve de Jean-sans-
Terre (mai 1220). Hugues, à l'instigation de sa nouvelle épouse
dont il réclamait le douaire, avait emprisonné et rançonné le
sénéchal d'Angoumois, s'était emparé du château de Cognac et
accablait de maux les fidèles du roi (5). Renaud de Pons,
qui n'avait que la garde du château de Merpins, se l'était
approprié (6). D'autres seigneurs, tels que celui de Parthenay,
Hugues de Thouars, R. de Rancon et Guillaume Maingot,
s^r de Surgères, se prétendant créanciers du roi ou simplement

---

(1) *Mauzé*, par Faye, ap. *Mém.* Antiq. de l'Ouest. — *Arch. hist. du
Poitou*, VII, 173. — Mathieu Pâris.

(2) *Chron. alber. trium Font.* ap. Bouquet, XVIII.

(3) *Ex ann. Genuensibus Caffari.* l. IV, ap. t. XIX des *Hist. franc.* 265. —
Mathieu Pâris, *hist. angl. major.*, ap. *Hist. franc.*, XVII, 750. — Jacques
de Vitry. — *Chron. alberici trium Font.* — *Oliverius scholast. colo-
niensis, de captione Damiatæ*, ap. Bongars.

(4) *Cartulaires du Bas-Poitou.* — *Cartul. de Marmoutiers.*

(5) Lettre du pape Honorius III, ap. *Hist. franc.*, t. XIX, p. 708.

(6) Lettre d'Honorius III, ap. *idem*, t. XIX, p. 691.

désireux de lui arracher quelques concessions, ne montraient pas moins de mécontentement et de violence. Ils ne trouvèrent toi rien de mieux, pour assouvir leur cupidité, que de se livrer à d'infâmes brigandages contre les bourgeois de Niort, de Saint-Jean-d'Angély, de la Rochelle, sujets directs et fidèles de la couronne d'Angleterre (1). Tout le territoire de ces villes riches et commerçantes était parcouru par des troupes de bandits agissant par leurs ordres et souvent même sous leur direction. Sortant de leurs châteaux comme de repaires inaccessibles, ils ravageaient les campagnes, interceptaient les approvisionnements, emportaient ou gâtaient les moissons. Les voyageurs et les marchands étaient rançonnés, quelquefois même massacrés. Rien de plus lamentable que les plaintes répétées, les appels pressants adressés par les bourgeois de Niort et de la Rochelle à Henri III contre ces procédés odieux qui étaient d'ailleurs dans les habitudes des seigneurs de cette époque. Tout en essayant de négocier avec le comte de la Marche, qui ne répondait à leurs avances que par la mauvaise foi, le maire et les bourgeois de Niort, gardiens dévoués de leur donjon au nom de l'autorité royale, ne cessaient de réclamer la répression vigoureuse des excès dont ils étaient victimes. « Envoyez-nous, disaient-ils à Henri III, un sénéchal énergique, capable de nous protéger, mais surtout pas de sénéchal poitevin ; donnez-nous un sénéchal anglais qui ne craigne pas de faire bonne et raide justice (2) ».

Hugues de Lusignan n'avait pas plus tôt accordé une suspension d'hostilités et une satisfaction partielle aux messagers de Henri III par arrangement passé à Charroux, le mardi après la Toussaint 1220, que les déprédations des autres seigneurs recommencèrent. Il fallait bien pourtant essayer de faire droit aux réclamations si légitimes des communes, demandant à grands cris l'envoi d'un sénéchal vigoureux. Le dernier sénéchal de Poitou, Geoffroi de Neuville, impuissant, fatigué de ne recevoir aucun secours ni aucune instruction, avait pris le parti de se retirer en Angleterre (novembre 1219). Philippe de Ulcot, d'origine poitevine, mais résidant en Angleterre, nommé à sa place, le 16 septembre 1220, mourut presqu'aussitôt, avant de

---

(1) Lettre d'Honorius III, du 28 mai 1220, ap. *idem*, XIX, pp. 695, 696.

(2) Lettres des maires et bourgeois de Niort et la Rochelle à Henri III, en 1220. — *Niort et la Rochelle*, par Abel Bardonnet.

prendre possession (1). Hugues de Vivonne qui le remplaça ne
sut point remédier à la situation. Enfin le roi d'Angleterre se
décida à confier la sénéchaussée de Poitou et de Gascogne à
Savary de Mauléon. C'était un heureux choix, car il avait
naguère fait ses preuves dans les mêmes fonctions sous le roi
Jean. La date précise de sa nomination n'est pas connue. Elle
doit être fixée au plus tard vers le mois d'octobre 1222 (2). On
le trouve au mois de juillet précédent, signant une charte en
faveur des habitants de sa seigneurie de Fontenay auxquels il
abandonne ses droits de morte main (3).

Savary de Mauléon se trouva dès le début en présence des
plus graves difficultés. La Rochelle bloquée par Hugues de
Thouars et Guillaume Maingot se voyait contrainte de leur
payer rançon. Elle suppliait Henri III de lui accorder un subside
destiné à comprendre dans son enceinte les bourgs extérieurs.
Niort n'était guère plus ménagé par le seigneur de Parthenay (4).
Hugues de Lusignan toujours mécontent de Henri III, travaillé
en secret par le roi de France qui lui promettait une rente de
deux mille livres et la cession de Saintes et de l'île d'Oleron,
quand on s'en serait emparé, penchait visiblement vers lui,
attendant une occasion ou l'expiration de la trève pour se déclarer (5). On pressentait de toutes parts une guerre prochaine.

Le gouvernement de Henri III combattu par une opposition
redoutable en Angleterre depuis la guerre civile de la grande
charte, n'avait pas le loisir de s'occuper sérieusement des affaires
du continent. Il laissait donc par impuissance l'anarchie se
perpétuer en Poitou, dans la crainte de mécontenter soit les
seigneurs, soit les communes. Mais Savary de Mauléon, qui
depuis sa récente nomination au gouvernement des sénéchaussées de Poitou et de Gascogne, s'était rendu en Angleterre avait
éclairé le roi et son conseil par un exposé sincère de la situation
du pays (6). Le même jour, 4 décembre 1222, Henri III fait
rédiger à Westminster seize dépêches contenant des ordres de

(1) *Royal and others historical letters illustrative of the reign of
Henri III*, 2 vol. London, 1862, 1866.
(2) *Royal letters....* Lettre du maire de la Rochelle à Henri III, oct. 1222.
(3) *Histoire de Fontenay*, par Benjamin Fillon.
(4) *Royal letters...* Lettres du maire de la Rochelle, oct. et nov. 1222. —
Niort et la Rochelle, par Bardonnet.
(5) Martène, *vetera script.* I, 1162.
(6) *Royal and others historical letters*, etc. t. I, p. 196.

diverses natures, adressées à Savary, aux barons, aux évêques, aux communes de Poitou et Gascogne et dont l'exécution est confiée naturellement à la vigilance de Savary en sa qualité de sénéchal (1). Il enjoint d'abord aux bourgeois Bordelais qui se plaignaient de Savary, de s'acquitter sans négligence de leurs anciens devoirs envers leur roi et de prêter secours et conseil à Savary lorsqu'il en aura besoin pour les affaires publiques, ajoutant qu'il a recommandé à celui-ci de les protéger et de les traiter avec douceur. Il leur ordonne en outre de ne faire aucunes confédérations avec les seigneurs ou communes du voisinage, de ne pas recevoir dans leur ville des malfaiteurs qui ont pris et pillé plusieurs châteaux royaux, d'abolir les taxes imposées par eux, sans l'autorisation du sénéchal, sur les sujets du roi dans l'entre deux mers et de restituer ce qu'ils en ont perçu. Il fait également à toutes les villes, à tous les barons de Gascogne , la même défense de se confédérer. Il leur ordonne de recevoir avec honneur le sénéchal Savary de Mauléon et de lui obéir. Aux villes de Poitou il mande de payer sans retard les rentes du domaine royal échues depuis la nomination dudit sénéchal. Aux évêques, abbés, barons et autres de Gascogne, astreints au droit de gîte royal, il fait savoir que Savary de Mauléon envoyé vers eux, pourra en user en son nom. Savary est chargé d'une façon toute spéciale de faire une enquête sur les terres, châteaux et revenus du domaine aliénés sans son autorisation ou celle de ses prédécesseurs, afin de les faire rentrer sans délai dans la main du roi. L'abbé et le chapitre de Saint-Sever sont invités à montrer au sénéchal les chartes qu'ils possèdent sur les libertés, les coutumes et les droits royaux en Gascogne. Guillaume Maingot et Guillaume de Mauzé reçoivent l'ordre de remettre au sénéchal Savary leurs châteaux de Marans et de Mauzé, tombés dans la garde royale par la mort de leurs prédécesseurs. Les bourgeois de la Réole et Savary, entre lesquels avait éclaté un conflit lors du dernier voyage de celui-ci dans cette ville, sont invités à confier l'arrangement de l'affaire à l'arbitrage du chambellan royal Geoffroi de Neuville. Henri III ordonne enfin au sénéchal de Poitou d'accorder aux juifs l'autorisation de séjour, sous sa sauvegarde, dans les villes de la Rochelle, Niort et Saint-Jean-d'Angély, moyennant le paiement annuel de trois mille sous dans la première de ces villes et de quinze cents dans chacune des deux autres.

(1) *Idem*, t. I, 196-207.

La plupart de ces mesures dont la fiscalité est très apparente avaient pour but de rétablir l'ordre dans les finances et le domaine de la couronne fortement compromis par les libéralités intéressées du roi Jean. Elles devaient en même temps procurer quelques ressources à Savary dans son administration, car il ne pouvait guère en espérer d'Angleterre en ce moment. Toutefois il en est une qu'on doit signaler d'une manière toute spéciale à cause de son caractère de grandeur et d'utilité publique. Marin consommé, familiarisé depuis l'enfance avec la navigation le long des rivages du Poitou et de l'Aunis, Savary de Mauléon avait compris l'utilité de la création d'un nouveau port à la Rochelle. Henri III, sur son conseil, décréta cette grande œuvre le 4 décembre 1222, et pour couvrir une partie des dépenses, imposa pour la durée de deux ans sur chaque navire entrant à la Rochelle une taxe proportionnelle de cinq sous par vingt livres de valeur de marchandises, dont la perception était confiée au maire de la ville et au commandant du château. Le nouveau port devait occuper l'emplacement qui s'étendait depuis les moulins du Perrot appartenant aux templiers et placés sur le canal de la Verdière jusqu'au pont Rambaud, et depuis ce pont jusqu'au château situé en dehors de l'enceinte de la Rochelle et vraisemblablement à l'endroit où fut construit depuis le fameux boulevard de l'Evangile (1). Les événements qui suivirent ne permirent pas de mettre à exécution ce projet qui concordait d'ailleurs si bien avec la demande faite au roi par les Rochelais d'augmenter les fortifications de leur ville.

Au mois de mars 1223, Savary de Mauléon, auquel l'abbaye de Fontevrault se plaignait de ce que la rente de 130 livres donnée jadis sur la prévôté de l'île d'Oleron par la reine Aliénor et le roi Jean ne lui était pas payée régulièrement, reconnut, par ordre de Henri III, la légitimité de cette créance. Il ordonna en conséquence à Michel, prévôt de l'île d'Oleron, de payer les 130 livres à l'abbaye, à chaque terme stipulé(2). Un peu plus tard, au mois de juin, étant à la Rochelle, et probablement à la suite de nouvelles difficultés, il rendit une autre ordonnance prescrivant à Payen Larcher, bailli d'Oleron, de payer cette rente aux religieuses de Fontevrault sur tous les revenus royaux de

(1) *Royal letters….* t. 1, 205, lettre de Henri III au maire de la Rochelle, du 4 déc. 1222. — *Ephémérides historiques de la Rochelle*, par Jourdan, p. 471.

(2) *Cartulaire de Fontevrault*, t. I, p. 457.

SAVARY   3

l'île (1). A la même époque et dans la même ville, Savary traita
pour son compte particulier avec l'abbaye de Fontevrault au
sujet de trois rentes jadis données à la dite abbaye par son
grand père Ebles, son oncle Guillaume et par lui-même, dont le
montant s'élevait à la somme de 37 livres. En vertu d'un acte
d'échange, l'abbaye lui en fit remise contre la rente de 30 livres
assise par Savary sur la rente de dix mille sous qu'il possédait
lui-même par héritage sur la prévôté royale de la Rochelle (2).
La même année, 1223, étant en son château de Talmond, avec
Guillaume, archevêque de Bordeaux, il confirma les donations
et immunités du prieuré voisin de Fontaines (3), en même
temps qu'il faisait de nouvelles libéralités à l'abbaye également
voisine de Saint-Jean d'Orbetier (4). Enfin, la même année, par
une charte datée de son château d'Olonne, il restitua aux religieux de Grandmont de la Meilleraie leurs droits d'usage dans
la forêt d'Orbetier (5). Il accorda d'autre part à l'église Notre-
Dame de Fontenay une rente assise sur le fief de la Mothe de
Thiverçay de Fontenay, propriété de Thibaud Chasteigner l'un
de ses vassaux (6).

La confirmation accordée en cette même année 1223 par
Savary, d'une donation faite à l'abbaye de Talmond par un de
ses chevaliers, Achard de la Mothe, démontre l'existence d'un
port à Talmond au xiiie siècle. Il s'agit, en effet, d'une rente de
60 sous assise sur les droits acquittés au seigneur prince par les
navires entrant, dit le texte, dans le port de Talmond (7). Ce port
n'existe plus depuis longtemps. Les flots de la mer en se retirant
et les alluvions de la rivière du Pairay ont fait reculer le rivage
et comblé le bassin où pénétraient autrefois les vaisseaux. Mais
on remarque encore une profonde dépression de terrain, indice
non trompeur de son ancienne existence (8).

Cependant les intrigues du roi de France en Poitou commen-
çaient à porter leurs fruits. Le vicomte de Thouars, Aimeri,

(1) *Bibl. de l'école des chartes*, 4e série, t. IV, p. 341.
(2) *Cartul. de Fontevrault*, t. I, p. 471. ap. Bibl. nat. f. lat, 5480.
(3) *Cartulaires du Bas-Poitou*, par Marchegay, pp. 121, 122.
(4) *Cartul. d'Orbetier*, ap. Arch. hist. du Poitou, t. VI, p. 36.
(5) *Bull. de la soc. d'Emul. de la Vendée*, t. XXV, 15.
(6) *Poitou et Vendée*, par Fillon, p. 16.
(7) *Cartulaire de Talmond*, no 453.
(8) *Notes et croquis sur la Vendée*, par de Monbail, p. 147, 148. — Voir
aussi la carte de Cassini.

conclut une trêve de six mois avec Louis VIII, au mois de
septembre 1223 (1). Du côté de la Gascogne, Elie Ridel se plaignit vivement au sénéchal de Poitou de ce qu'il avait tenté,
non sans motif peut-être, de s'emparer de sa ville de Bergerac
et de sa personne, déclarant qu'il refusait l'hommage au roi
anglais (2). Mais le plus mécontent c'était Hugues de Lusignan.
En effet, l'élévation de Savary de Mauléon à la dignité de sénéchal et surtout la vigueur de son administration avaient suscité
vivement sa jalousie et excité sa colère. Le puissant comte de
la Marche, l'époux de la mère de Henri III, se plaignit à son
beau-fils dans une lettre presque insolente, de la dureté du
sénéchal, dureté qui n'était peut-être autre chose au fond que
de la fermeté. « Sachez, lui disait-il, que Savary de Mauléon,
sans cause raisonnable nous fait subir à nous et à nos hommes
de lourdes injustices et des dommages très grands. Si la paix
doit se rétablir entre nous, ne souffrez pas qu'il persiste dans
cette attitude injuste à notre égard, car nous nous retirerons de
votre service plutôt que de supporter ainsi sans vengeance de
telles injures et de telles iniquités. C'est pourquoi nous vous
conseillons de nommer sénéchal de Poitou Geoffroy de Neuville
qui lui se préoccupe, nous le savons, de votre avantage et de
votre honneur. Avec notre conseil et notre aide il possèdera si
pacifiquement votre terre que vous n'entendrez plus aucune
plainte de personne. » (3).

Ainsi, ce que Hugues de Lusignan eût désiré c'était la desti-
tution de Savary et son remplacement par le faible Geoffroi de
Neuville qui l'aurait laissé régner en maître souverain dans
toute la province. Henri III ne pouvait pas abandonner son
sénéchal, dont la fermeté lui était si utile. D'un autre côté, il
redoutait de se brouiller avec le puissant comte de la Marche.
Les négociations continuaient donc entre eux. Hugues de Lusignan envoya même un projet de traité à Henri III et supplia
Hubert du Bourg, grand justicier d'Angleterre, de prendre en
mains ses intérêts (4). Mais cela ne l'empêchait pas de signer
au même moment une trêve de six mois avec le roi de France
(septembre 1223) (5). Ebranlé enfin par les promesses avanta-

(1) *Veter. scrip. ampliss. collectio*, I, 1178.
(2) *Idem*, I, 1178.
(3) *Royal letters*, I, 209.
(4) *Royal letters*, I, 210.
(5) *Veter. script. ampliss. collectio*, I, 1179.

geuses qu'on lui avait faites en 1222, il conclut une alliance formelle avec Louis VIII. Le traité qui consacrait sa défection définitive, signé à Bourges au mois de mai 1224, lui accordait une rente de 2,000 livres qui serait remplacée par la ville de Bordeaux après qu'on l'aurait reprise aux Anglais. L'île d'Oleron lui était concédée également après qu'on l'aurait conquise. Le roi de France lui promettait pour la guerre deux cents chevaliers et six cents sergents à pied, soldés par le trésor, jusqu'à la prise de Bordeaux. En retour, Hugues de Lusignan rendit hommage à Louis VIII pour tous ses domaines. Il fut stipulé en outre, par un acte spécial empreint d'une certaine défiance, que le château de Lusignan serait remis en garde entre les mains de Pierre, comte de Bretagne, durant le séjour du roi de France en Poitou (1).

§ III. — *Savary de Mauléon depuis 1224 jusqu'à sa mort.*

Louis VIII n'avait plus qu'à entrer en campagne. Il partit donc de Tours à la tête d'une bonne armée, le 25 juin 1224, et envahit le Poitou par Montreuil-Bellay, pendant que le comte de la Marche préparait une expédition contre le Bordelais. Arrivé à Montreuil, le roi s'assura de la neutralité d'Aimeri, vicomte de Thouars, au moyen d'une trêve d'une année, garantie par tous les seigneurs de la vicomté ou autres du voisinage, trêve à l'expiration de laquelle le vicomte promettait de lui rendre hommage avec tous ses vassaux si le roi d'Angleterre ne venait pas à son secours (2). Louis VIII, après avoir traversé la vicomté de Thouars, passa à Saint-Maixent où il fit commencer la construction d'un château (3). Puis il arriva devant Niort, le 3 juillet. Là allait commencer la résistance ; là l'attendait l'intrépide Savary de Mauléon, son ancien adversaire en Angleterre, en 1216, seul défenseur un peu sérieux dans cette heure critique du pouvoir des Plantagenets en Poitou.

L'armée royale dirigée par le connétable Mathieu de Montmorency, investit Niort immédiatement, dressa les pierriers ou machines de toutes sortes et commença à battre les murailles.

(1) *Idem*, I, 1184, 1185.

(2) *Veter. script. ampliss. collectio*, I, 1187. — *Grandes chroniques de France*, éd. Paris, t. IV, 217.

(3) *Le château de Saint-Maixent*, par Alfred Richard, ap. *bull. soc. des antiq. ouest*, 2e série, t. II, 180, d'après les *Querimoniœ* (arch. nat.).

Retranché avec une fidèle garnison dans ce puissant donjon, toujours debout depuis six siècles, Savary opposa d'abord une vigoureuse résistance. Mais les bourgeois inquiets, las de la tyrannie de la féodalité poitevine, espérant trouver dans le pouvoir du roi de France une protection efficace contre les excès dont ils avaient tant souffert, se montraient disposés à se rendre. Menacé par cette fâcheuse situation qu'il n'avait peut-être pas prévu, redoutant de succomber sous les efforts d'assiégeants nombreux, bien pourvus et décidés à vaincre, le sénéchal crut inutile de prolonger sa résistance au delà de sept jours. Il capitula; mais son honneur était sauf. Louis VIII lui permit, en effet, de se retirer avec ses troupes à La Rochelle sans être inquiétés. Quant aux bourgeois Niortais, ils obtinrent sans difficulté le maintien de leurs privilèges municipaux (1).

Le roi ayant laissé une garnison dans le château de Niort, se dirigea sur Saint-Jean-d'Angély, qui se rendit sans coup férir. Puis il alla mettre le siège devant la Rochelle, le 15 juillet. Il y trouva encore pour adversaire Savary de Mauléon. Mais cette fois le sénéchal avait à sa disposition des moyens plus sérieux de résistance. Trois cents chevaliers, de nombreux sergents, un contingent anglais commandé par Geoffroy de Neuville, quatre cents Bayonnais et la population Rochelaise composée en partie de marins courageux, dévouée à l'Angleterre, combattaient sous ses ordres. Louis VIII, campé à Dompierre, fit investir la place, construire des ouvrages d'approche et dresser les machines, pierriers et mangonneaux dont les projectiles endommagèrent fortement les murailles et même les maisons avoisinantes. Mais la vigueur de la défense fut égale à celle de l'attaque. L'importance de la lutte pour le roi de France n'était pas douteuse. Si la Rochelle ne succombait pas, la conquête du Poitou se trouvait absolument compromise. On le sentait bien à Paris, où la reine faisait faire des processions et des prières publiques pour le succès des armes royales. Si des secours eussent été envoyés d'Angleterre l'issue du siège, qui ne se prolongea pas moins de dix-huit jours, fut devenue très douteuse. Henri III, obligé de tenir tête à ses barons révoltés, ne put rien envoyer, si

(1) *Chronique de Touraine*, ap. d. Bouquet, t. xviii et d. Martene, *amplissima collectio*, t. v. — *Grandes chroniques de France*, t. iv. — *Guillaume de Nangis*. — *Ex chron. Gastinensis cœnobii* ap. d. Bouquet, t. xviii. — *Vie de Saint-Louis*, par Tillemont, t. i. — *Chron. Iterii*, ap. chroniques de Saint-Martial, p. 118. — *Gesta Ludovici regis*, ap. d. Bouquet, t. xvii.

ce n'est de l'argent qu'on attendait avec impatience. Mais au lieu d'argent on ne trouva dans les coffres que des pierres et du son. Cette amère plaisanterie qui ne devait être au fond que le résultat d'un vol dont fut accusé plus tard un grand seigneur anglais, le comte de Kent, augmenta le trouble et le mécontentement qui s'étaient déjà manifestés parmi les assiégés. La division éclata entre les Anglais et les Poitevins de la garnison. Parmi les bourgeois, les uns voulaient prolonger la résistance, les autres pensaient qu'il était plus sage de se rendre. Mais l'abandon dans lequel les laissait depuis longtemps le roi d'Angleterre, les progrès des assiégeants et le désir de vivre en paix sous la protection d'un pouvoir fort les déterminèrent à écouter les propositions du roi de France. La promesse du maintien de leurs privilèges et des présents distribués à propos, les décidèrent à traiter. Le 3 août, ils ouvrirent leurs portes à Louis VIII. Les auxiliaires Bayonnais se réfugièrent aussitôt sur leurs navires et partirent pour leur pays, se plaignant d'avoir été placés par les Rochelais sur les points les plus dangereux des fortifications et criant à la trahison. Savary de Mauléon refusa de se soumettre. On lui permit, ainsi qu'aux Anglais de la garnison, de se retirer en toute sécurité, et ils s'embarquèrent pour l'Angleterre. En retour des concessions royales, les Rochelais prêtèrent tous à Louis VIII leurs serments de fidélité. On possède encore le très précieux rôle contenant les noms des 1,800 bourgeois qui s'acquittèrent de ce devoir. Le roi remit au comte de la Marche l'île d'Oleron qu'il lui avait promise ; puis après avoir laissé garnison dans le château de la Rochelle, il revint avec lui à Poitiers d'où il l'envoya avec une armée tenter l'expédition contre le Bordelais projetée par le traité de Bourges (1).

Cependant l'échec subi par Savary de Mauléon l'avait placé dans la plus triste situation. Les Anglais et les Bayonnais l'accusaient hautement de trahison. N'est-ce pas là toujours le reproche ordinaire, quoique souvent immérité, dont on accable

(1) *Chronique de Touraine.* — *Gesta Ludovici regis.* — *Chronique de Nangis.* — *Grandes chroniques de France*, t. IV. — *Ex chronic. Gastinensis cœnobii* ap. d. Bouquet XVIII. — *Radulph. Coggeshate chron. anglic.* ap. d. Bouquet, t. XVIII. — *Mathieu Pâris, Grande chronique.* — *Vie de Saint-Louis*, par Tillemont, I. — *Rymer*, I, 173. — *Histoire de la Rochelle*, par Arcère, I, 209-215. — *Histoire de la Saintonge*, par Massiou, II, 235, 243. — *Royal letters of, Henri III*, I, 237. — *Savari de Mauléon*, par de la Fontenelle, ap. *Revue Anglo-Française*, 2e série, t. II, 842. — *Arch. historiques du Poitou*, XX, 235.

les généraux vaincus ? Innocent ou coupable il comprit le danger d'une semblable accusation. Il avait à peine pris la mer qu'il s'aperçut des projets hostiles des Anglais. On méditait de s'emparer de sa personne et de lui faire payer cher sa prétendue trahison. Le souvenir des cachots du Corff dut alors hanter son esprit. Les vaisseaux passaient en vue des côtes poitevines dont il était seigneur. Au lieu de continuer sa route vers l'Angleterre, et au risque de passer pour traître, il vira de bord et prit terre au port d'Olonne. C'est ce qui explique sa présence en ce lieu, signalée par une donation du mois de septembre 1224, en faveur de Notre-Dame du Bourgenet, non loin de son château de Talmond (1).

Désormais Savary n'avait plus qu'un parti à prendre, se soumettre au roi de France. C'est ce qu'il fit. Louis VIII reçut son serment le jour de Noël 1224 et lui confia la défense des îles et des côtes de l'Aunis, où il possédait de nombreux domaines et où, par ses connaissances nautiques, il pouvait rendre d'utiles services (2). La précaution n'était pas inutile car, dès le mois de mars 1225, Henri III envoya à Bordeaux son frère Richard de Cornouailles et le comte de Salisbury à la tête d'une grande flotte pour reconquérir les villes et châteaux de ce pays enlevés récemment par les Français. La flotte, qui dut passer en vue des côtes de l'Aunis, aurait peut-être pu y faire une tentative de débarquement. Il est probable que Savary demeura, durant l'année 1225, dans ses domaines et dans les pays soumis à son commandement maritime. Nous ne connaissons, il est vrai, qu'un seul acte qui y signale alors sa présence. C'est une donation en faveur de l'abbaye d'Orbetier, scellée par lui au château d'Olonne (3). Le 25 décembre 1225 il assista à Thouars à une grande réunion des barons poitevins, Hugues de Lusignan comte de la Marche, Pierre comte de Bretagne, Aimeri vicomte de Thouars, Hugues de Thouars, Geoffroy de Lusignan, Guillaume Larchevêque sgr de Parthenay, Guillaume Maingot, Thibaud de Blazon, etc. L'assemblée formula des plaintes très vives contre les empiètements de la juridiction

_____

(1) *Chronique de Touraine.* — *Chronique de Nangis.* — *Grandes chroniques de France.* — *Vie de Saint-Louis,* par Tillemont, I, 341. — *Bull. de la Soc. d'Emul. de la Vendée,* t. XXV, p. 7, d'après coll. Dupuy, t. 822. — *Chron. Nicolas Trivet,* VIII, 575.

(2) *Vie de Saint-Louis,* par Tillemont, I, 341. — *Chronique de Touraine.*

(3) *Cartulaire d'Orbetier,* p. 37, ap. arch. hist. du Poitou, t. VI.

ecclésiastique et les adressa au roi Louis VIII en le suppliant
d'y remédier (1).

Le roi était en ce moment vivement sollicité par le pape Honorius et par Amaury de Montfort de recommencer la croisade
contre les Albigeois. Le 28 janvier 1226, dans une assemblée
tenue à Paris, il résolut l'expédition. Savary de Mauléon,
présent à Paris, s'engagea avec la plupart des seigneurs français
à y prendre part (2). Presqu'au même moment, le pape, protecteur constant de Henri III, et qui n'avait jamais approuvé l'expédition de Louis VIII en Poitou, écrivait à Savary, à Hugues de
Lusignan et à presque tous les seigneurs des provinces de l'Ouest
une lettre circulaire, du 8 janvier, les sollicitant de retourner
à l'obéissance du roi d'Angleterre qu'ils n'auraient jamais dû
quitter (3). Mais la soumission de tous ces seigneurs était trop
récente et les circonstances trop peu favorables pour qu'ils
osassent violer leurs serments. D'ailleurs le pape, dans l'intérêt
de la croisade, ne tarda pas, le 28 avril, à désavouer sa lettre
du 8 janvier (4).

Savary de Mauléon suivit donc Louis VIII dans la campagne
du Languedoc et y fit honneur à ses engagements. Pendant son
absence il arriva que le comte de Salisbury qui revenait de
Bordeaux en Angleterre, assailli par une affreuse tempête fut
jeté dans le dénûment le plus complet sur les côtes de l'île de
Ré. Or cette île, on le sait, non seulement appartenait à Savary,
mais avait été en outre confiée à sa garde contre l'ennemi.
Salisbury, qui avait reçu asile dans l'abbaye des Châtelliers,
redoutait de tomber entre les mains des gens de la garnison
préposée à la défense de l'île. Deux sergents qui l'avaient
reconnu en eurent pitié et l'invitèrent secrètement à partir sans
retard pendant la nuit. Salisbury remonta aussitôt sur son
vaisseau et se remit en mer où la tempête le ballota longtemps
avant son retour en Angleterre (5). Cet incident des vaisseaux
anglais de Salisbury naufragés dans l'île de Ré a peut-être
donné naissance à l'anecdote d'après laquelle Henri III aurait
fait alors une tentative sur la Rochelle où l'attendaient des

(1) *Layettes du trésor des chartes*, par Teulet, II, 62.

(2) *Idem*, II, 68.

(3) Dom Bouquet, *Hist. Franc.*, t. XIX, 769. — *Vie de Saint-Louis*, par
Tillemont, I., 355.

(4) *Vie de Saint-Louis*, I, 388.

(5) *Mathieu Pâris, Hist. anglic. major*, ap. d. Bouquet, *Hist. Franc.*
t. XVII, 762.

traîtres qui devaient la lui livrer, mais qu'ayant reconnu la difficulté de l'entreprise il se serait retiré (1).

La mort prématurée de Louis VIII (8 novembre 1226) remit tout en question et ramena l'anarchie. Savary de Mauléon, comme bien d'autres, se considéra dégagé de son serment envers la royauté française. Nous ne savons s'il fut invité au couronnement du nouveau roi, comme le comte de la Marche, le vicomte de Thouars, Geoffroi de Lusignan et Geoffroi de Pons (2). Mais ils n'en tinrent certainement aucun compte. Savary et les autres barons poitevins s'empressèrent d'offrir leur soumission et leurs services au roi d'Angleterre. Les intérêts égoïstes de la féodalité de l'Ouest la ramenaient toujours invinciblement dans cette voie. Ils commencèrent donc les hostilités en Poitou et en Aunis, se livrant sans retenue aux plus affreux brigandages sur terre et à la piraterie sur mer. De même qu'en 1219 et 1220, les villes municipales devinrent sans aucun doute l'objectif principal et les victimes de leurs excès. Ils appelèrent à leur secours le comte Richard, frère de Henri III. Leur but était de conquérir le Poitou et ensuite la Rochelle aux habitants de laquelle Savary en voulait tout particulièrement depuis son échec au siège de 1224 (3).

Tout semblait favoriser la rébellion. La royauté capétienne, engagée dans les embarras d'une régence, pressée de toutes parts par les exigences d'une ligue formidable des grands vassaux qui cherchaient à arrêter ses progrès, se voyait dans l'obligation de se tenir prudemment sur la défensive. Le roi d'Angleterre prodiguait les dons et les promesses. Au comte de la Marche il promettait Niort après sa conquête, concédait Saintes, l'île d'Oleron, Merpins et Cognac. Au vicomte de Thouars, il promettait des secours en hommes et en argent ainsi que le château de Loudun quand il l'aurait enlevé au roi de France. Au seigneur de Parthenay, il promettait aussi des subsides et des soldats pour fortifier ses places (décembre 1226) (4). Mais la régente Blanche de Castille, douée d'un grand sens politique et d'une habileté consommée, était de taille à tenir tête à l'orage. Elle s'avança avec le jeune roi Louis IX et

---

(1) *Vie de Saint-Louis*, par Tillemont, I, 389, d'après Nicolas de Braie.

(2) *Layettes du trésor des chartes*, II, 102. — *Chron. de Touraine*, ap. *ampliss. collectio*, V, 1070.

(3) *Chronique de Touraine*, ap. *Hist. Franc.*, t. XVIII.

(4) *Royal letters* of Henry III, t. I, 302, 303. — Rymer, I, 183.

une armée jusqu'à Loudun, tout en négociant avec le duc de
Bretagne et le comte de la Marche (fin de février 1227). Les
confédérés dirigés par Savary de Mauléon et le comte Richard
de Cornouailles, qui s'intitulait comte de Poitou, se tenaient à
Thouars. Des conférences s'ouvrirent entre eux et le gouvernement à la Charrière de Curçay. Les comtes de Champagne et
de Bar se laissèrent gagner par l'habile régente sans rompre
toutefois avec les confédérés. Savary et le comte Richard soup-
çonnèrent ce double jeu. Las d'attendre l'issue des négociations
qui duraient depuis vingt jours, ils essayèrent de mettre la main
sur les deux traîtres. Mais les comtes de Champagne et de Bar,
dont la défiance était en éveil, se tenaient hors des murs
de Thouars. Flairant un piège ils purent s'échapper et allèrent
se soumettre au roi. Une trève intervint et le roi se retira,
ajournant les barons à Vendôme pour traiter (1). Déconte-
nancés par cette défection, le duc de Bretagne et Hugues de
Lusignan comte de la Marche, de concert avec son épouse Isabelle, traitèrent avec le roi à Vendôme le 16 mars 1227. Le vicomte de Thouars se soumit bientôt à son tour (avril) (2).

Seul, Savary de Mauléon demeurait ferme dans l'alliance
avec le comte Richard. Mais la lutte n'était plus possible.
Louis IX qui, en quittant Loudun, leur avait envoyé des ambassadeurs, négocia avec eux une trève jusqu'à la Saint-Jean (avril
1227) (3). Richard se retira en Gascogne et de là en Angleterre.
La ligue féodale dissoute sans combat se réveilla bientôt
ailleurs. Mais pour le moment personne ne remua en Poitou.
Savary y demeura dans ses domaines sans que rien décèle
quelle fut son attitude politique. Il venait de contracter une
seconde union avec une certaine Amabilis du Bois et, par une
donation de 1226, il avait concédé aux enfants qui en naîtraient
sa seigneurie de Châtelaillon, stipulant qu'ils auraient en outre
l'île de Ré, Benon, Saint-Michel-en-l'Herm et le minage de
Niort, mais avec réserve de l'usufruit pour leur mère (4). Mais
Amabilis n'était en réalité, du moins à cette époque, que sa
concubine. La précaution peu ordinaire prise par Savary dans
un acte de 1227, scellé au château d'Olonne, de constater la

(1) *Chronique de Touraine*. — *Vie de Saint-Louis*, par Tillemont, I, 451-
462. — *Grandes chroniques de France*, IV.

(2) *Layettes du trésor des chartes*, II, 120-122. — *Chronique de Touraine*.

(3) *Layettes*, etc., II, 122. — *Chronique de Touraine*.

(4) *Cartulaire d'Orbestier*, p. 40.

célébration de son mariage à Saint-Nicolas de la Tranche (1) devant l'abbé d'Orbetier et d'enjoindre en même temps à tous ses vassaux de reconnaître comme son héritier le jeune Raoul son fils, issu de cette union, inspire les plus grands soupçons non seulement sur la légitimité du mariage, mais aussi sur l'authenticité de l'acte. Il y a lieu de croire, en effet, qu'il fut fabriqué lors du procès des héritiers de Raoul avec Alphonse comte de Poitou. La légitimation de cet enfant, faite plus tard, le 10 mai 1232, par le roi d'Angleterre et par l'archevêque de Bordeaux, en vertu d'un ordre du pape, achève de dissiper les doutes à cet égard (2).

Malgré les nombreuses chartes accordées par Savary aux moines du prieuré de Fontaines en Talmondais, relevant de Marmoutiers, ceux-ci ne cessaient de se plaindre des dommages de toutes sortes dont ils étaient victimes de la part de leur seigneur ou de ses agents. Reconnaissant enfin qu'il avait violé les anciennes conventions, il leur accorda, en 1228, un dédommagement de trois mille sous et 15 livres tournois (3). Vers la même époque, il fonda à Fontenay un couvent de Dominicains (4).

L'abbaye de la Trinité de Mauléon avait reçu de Savary, à une époque inconnue, soit pendant la guerre de 1224, soit même pendant qu'il était à la croisade, le dépôt très précieux de son chartrier. En 1229, il en réclama la restitution par l'abbé d'Orbetier et Bernard le Bouteiller, châtelain de la tour de Talmond, délégués spécialement à cet effet. Le 7 mai, l'abbé de Mauléon leur remit l'écrin scellé d'un sceau inconnu, contenant les chartes, et après qu'ils y eurent apposé tous trois leurs sceaux, procès-verbal de la livraison fut dressé en présence de témoins (5). Savary résidait peut-être alors dans ses domaines des côtes de l'Océan. On le trouve, en effet, à Olonne, en 1229, accordant une donation de quelques droits féodaux à l'abbaye d'Orbetier (6).

(1) Cette église, minée par les érosions des eaux de la mer en 1725, fut reconstruite plus loin en 1729. (*Pouillé de l'évéché de Luçon*, par Aillery, p. 130, note.)

(2) *Histoire de Fontenay*, par B. Fillon, p. 23. — *Cart. d'Orbetier*, p. 41. — *Savary de Mauléon*, par de la Fontenelle.

(3) *Cartulaires du bas Poitou*, par Marchegay, p. 123.

(4) *Poitou et Vendée*, par B. Fillon.

(5) *Cartulaire d'Orbetier*, p. 45.

(6) *Idem*, p. 46.

De 1227 à 1230, Savary de Mauléon ne semble avoir pris aucune part aux événements généraux. Le Poitou jouissait alors d'une tranquillité relative. Mais il était un des barons qui subissait avec le plus d'impatience la domination du roi de France. Une curieuse anecdote montrera jusqu'à quel point il l'avait prise en haine. Une contestation très vive avait éclaté autrefois entre lui et Porteclie, seigneur de Mauzé et de Marans, à l'occasion d'un hôpital fondé par ce dernier, en 1217, sans son autorisation, dans les bois de Poulias, dépendant de la seigneurie de Benon en Aunis. Il était en Orient lorsque la construction fut commencée. De retour en Aunis, il prétendit que l'hôpital était situé sur ses terres, et, poussé par sa violence ordinaire, il l'aurait fait raser sans l'intervention de l'évêque de Saintes et d'autres seigneurs du pays. Savary toléra donc la fondation, mais il renouvela plus tard ses revendications. Un jour, en 1228 ou 1229, pendant les discussions occasionnées par cette affaire, le sénéchal de Poitou, Thibaud de Blazon, beau-père du seigneur de Mauzé s'était transporté à Poulias pour régler la contestation. Savary comme seigneur de Benon, y vint également, mais dans un appareil belliqueux et menaçant. Mille hommes l'accompagnaient. Quand il aperçut le sénéchal il lui lança cette apostrophe insolente : « Le roi de France peut bien me dépouiller de mon domaine, mais il ne pourra pas du moins m'enlever la mer. » Puis il ordonna à un chevalier, Gautier d'Allemagne, d'aller dénoncer au roi l'injustice du sénéchal protecteur des intérêts de son gendre (1). La puissance et les instincts du vieux pirate se révèlent tout entiers dans cette bravade pleine de colère et aussi d'une certaine vérité. C'est qu'en effet, lorsqu'il était monté sur ses navires, nulle autorité ne pouvait l'atteindre.

Il ne faut pas s'étonner, qu'animé de pareils sentiments, Savary se soit rallié avec empressement au roi d'Angleterre lors de la nouvelle tentative qu'il fit, en 1230, pour ressaisir le Poitou. Henri III appelé par le comte de Bretagne révolté contre Louis IX, débarqua le 5 mai à Saint-Malo à la tête d'une armée (2). Aussitôt il mande à Savary de Mauléon et à tous ses vassaux ou sujets de courir sus et de causer tout le mal possible à ses ennemis, en particulier aux Rochelais, auxquels on ne pardonnait pas leur récente fidélité à la France. Les lettres de

(1) *Archives historiques du Poitou* t. VII, 175-185, enquêtes du comte Alphonse.

(2) *Royal letters*, of Henri III, I, 363.

marque ainsi accordées par Henri III et notifiées à tous ses baillis sont en date de Nantes, du 16 mai 1230 (1). Savary sans aucun doute s'empressa d'en profiter tant sur terre que sur mer et recommença ses pirateries qu'il préparait, paraît-il, au port la Claye sur le Lay et au port Savari, non loin d'Esnandes (2).

Les chroniques gardent le silence sur les troubles que l'arrivée du roi d'Angleterre suscita alors en Poitou et auxquels Savary dut prendre nécessairement une part considérable. Mais la correspondance de Henri III et les actes de Louis IX laissent entrevoir. En effet, dès son arrivée à Nantes, Henri III s'était empressé de solliciter l'adhésion des barons poitevins, et surtout celle de Hugues de Lusignan, comte de la Marche (3). Mais Louis IX, guidé par sa mère et régente, l'habile Blanche de Castille, réussit à retenir ce puissant vassal dans son alliance. Il l'entraîna même avec lui dans la campagne qu'il entreprit contre la Bretagne en passant par Angers, dont il s'empara. Arrivé à Clisson, le 30 mai 1230, il se l'attacha définitivement par un traité avantageux qui ratifiait les conventions précédentes, lui garantissait une forte pension et stipulait en retour son serment de fidélité et sa coopération active dans la guerre contre les Anglais et leurs alliés (4). Le même jour, à Clisson, un autre seigneur poitevin, Geoffroy d'Argenton, se mit à son service moyennant une pension (5). Le roi s'avança ensuite à Chantoceaux, à Ancenis, où il traita, le 2 juin, avec les seigneurs bretons, ses alliés, et où le comte de Bretagne fut déclaré déchu, puis à Oudon dont il s'empara de vive force (6). Ayant ainsi réduit le comte de Bretagne à l'impuissance, Louis IX retourna en Anjou, au Pont de Cé, où il reçut la soumission de Raimond, vicomte de Thouars et de Guy de Thouars, seigneur de Tiffauges. Raimond reçut la promesse d'une pension de 500 livres jus-

(1) Rymer, i, 196.

(2) *Poitou et Vendée*, par Fillon. — *Savary de Mauléon*, par de la Fontenelle, ap. *Revue anglo-française*, 2e série, t. ii, 327, 345. Le port Savari portait ce nom dès 1137.

(3) *Royal letters* of Henry III, i, 364, 365, 370.

(4) *Layettes du trésor des chartes*, ii, 175. — *Vie de Saint-Louis*, par Tillemont, ii, 52, 53.

(5) *Idem*, ii, 176.

(6) *Vie de Saint-Louis* ii, 65, 67. — *Layettes du trésor...* ii, 178, 179,

qu'à ce qu'il eût recouvré son château de Mareuil (juin 1230) (1).
La perte de ce château suppose donc une lutte qui n'est indiquée nulle part ailleurs. D'autre part, il y avait certains
seigneurs, Geoffroy de Lusignan, son frère Aimeri, Hervé de
Velluire et autres, qui, ayant repoussé apparemment les avances
de Henri III, avaient été faits prisonniers, vers le mois de mai
ou le mois de juin, par le comte de Bretagne et dans des circonstances inconnues (2). Geoffroy, pour obtenir sa délivrance, remit
au roi d'Angleterre ses châteaux de Vouvent et de Mervent,
pendant la durée de la guerre, et lui rendit hommage. La mise en
possession eut lieu avant le 27 juin. Hervé de Velluire se soumit
également à Henri III et Savary de Mauléon, son seigneur
suzerain, se porta garant de sa fidélité. Enfin Aimeri, frère de
Geoffroi de Lusignan, imitant ses compagnons, fit garantir sa
soumission par son suzerain, Aimeri de Thouars, seigneur de la
Roche-sur-Yon et de Luçon, qui, lui aussi, s'était déclaré partisan de Henri III (3). Jean et Raoul de Beaumont, de la maison
de Bressuire, et Hugues de Velluire, lui avaient aussi juré
fidélité (4).

Le roi d'Angleterre, sortant enfin de son inaction, quitta
Nantes vers le milieu de juillet et s'achemina vers la Guyenne
où l'appelaient ses partisans. Il traversa certainement le bas
Poitou. C'était pour lui le chemin le plus court et le plus sûr,
car Savary de Mauléon et ses autres alliés exerçaient sur ce pays
un empire incontesté. Mais on ne sait rien des opérations ni des
événements qui durent alors se produire. Henri III fit-il une
tentative contre la Rochelle, cette ville détestée à laquelle
Savary de Mauléon faisait par son ordre et sans doute aussi de
son propre mouvement, une guerre impitoyable? on l'ignore. Ce
qui n'est pas douteux c'est l'existence d'hostilités ou plutôt de
brigandages exercés principalement sous la direction de Savary.
Ainsi les dévastations dont les environs de Saint-Jean-d'Angély
furent alors le théâtre lui sont très probablement imputables (5).
Un chevalier Henri de Bleu, auquel il avait enlevé un domaine,
reçut de Louis IX un dédommagement (6). Deux marchands

(1) *Layettes...*, II, 180, 181.
(2) *Royal letters...* I, 377, 378. — Rymer, I, 197.
(3) *Royal letters* of Henry III, I, 377, 378. — Rymer, I, 197, 196.
(4) Rymer, I, 196.
(5) *Histoire de Saintonge*, par Massiou, II, 269.
(6) *Vie de Saint-Louis*, par Tillemont, II, 49.

espagnols qu'il avait dépouillés furent plus tard, en 1234, indemnisés par le même roi (1). C'était donc toujours les villes communales et la classe marchande et industrielle qui étaient victimes des déprédations du baronnage partisan de la royauté anglaise. Cela explique leur fidélité aux rois de France.

Cependant Henri III était arrivé en Saintonge au mois de juillet 1230. Le 18 il était à Pons (2). Le 21 à Mirambeau, dont il s'était emparé (3), il confirme les libertés et les coutumes dont les habitants de l'île d'Oleron jouissaient depuis les rois Richard et Jean (4). Pendant ce temps-là, Louis IX s'était avancé jusqu'à Saint-Maixent où il signait une charte confirmative de la commune et des anciennes libertés de la ville de Niort, qu'il prenait sous sa sauvegarde royale (juillet) (5). On ne saurait deviner le motif véritable de sa présence en ce lieu, car les événements de cette guerre sont fort mal connus. Marchait-il vers la Saintonge contre son adversaire? ou bien venaitil simplement pour rassurer ses partisans? En tout cas, il cherchait aussi à négocier afin d'éloigner le plus promptement possible les Anglais de ces provinces. Le comte de la Marche, chargé de ce soin, eut une entrevue avec Henri III à Pons, le 15 août. Ils convinrent d'une trêve de quinze jours. Le 17, Henri III se rendit à Saint-Georges, d'où il notifia la trêve à Savary de Mauléon qu'il qualifie pour la première fois de prince de Talmont. En conséquence, il lui ordonnait de cesser toute hostilité contre le roi de France et ses partisans. Il envoya des lettres semblables au duc de Bretagne, au vicomte de Thouars, à Jean de Beaumont, aux seigneurs de Parthenay et de Surgères (6). Il partit ensuite pour regagner la Bretagne et l'Angleterre. Arrivé à Luçon, où il se rendit probablement par mer, il notifia, le 26 août, la prolongation de la trêve jusqu'au 8 septembre (7). Il y était encore le 6 septembre et donnait pouvoir à son frère le comte Richard, à Hubert du Bourg, à Guillaume

(1) *Historiens de France*, t. XXI, comptes de 1234.

(2) *Lettres des rois et reines*, par Champollion-Figeac, I, 36.

(3) Tillemont commet une erreur en disant que c'est *Mirebeau en Poitou* (II, p. 69).

(4) Rymer, I, 197.

(5) *Layettes du trésor des chartes*, II, 184.

(6) *Bulletins de la Société archéologique de Nantes*, 1869, 3e trimestre. D'après les rôles de la tour de Londres.

(7) Rymer, I, 197.

Maréchal et à Jean de Lascy, de conclure une nouvelle trêve avec le roi de France (1). Savary de Mauléon, dont les terres étaient voisines, eut alors, selon toute probabilité, plusieurs entrevues avec lui.

Revenu à Nantes avant le 23 septembre, Henri III ne voulut pas retourner en Angleterre sans laisser des secours, des promesses et des espérances à ses partisans. Il accorda au duc de Bretagne quatre cents chevaliers et cent sergents à cheval (2). Le 29 septembre il écrit de Redon à Geoffroi de Lusignan, lui annonçant qu'il va chercher des secours en Angleterre, mais en attendant il laisse sur le continent le comte de Chester et le comte Maréchal qui, avec le duc de Bretagne, ont mission de continuer la guerre et auxquels il a enjoint de lui donner le secours dont il aura besoin, de même qu'il le supplie de vouloir bien apporter son propre concours à ses lieutenants (3). Un autre de ses partisans, Aimeri de Thouars, seigneur de la Roche-sur-Yon et de Luçon, lui mande la destruction récente de son château de Luçon, dont il ne désigne pas les auteurs, mais au sujet de laquelle il invoque le témoignage de Henri de Troubleville, sénéchal de Gascogne; c'est pourq.. il sollicite des secours, protestant de sa fidélité (octobre 1230) (4). D'un autre côté, Renaud de Pons, menacé de confiscation par la reine régente de France, implore un secours en argent pour l'indemniser des énormes dépenses qu'il a faites pour les fortifications de sa ville de Pons (5). Mais Henri III était arrivé en Angleterre le 26 octobre. Il ne pouvait plus guère défendre ses partisans de l'Ouest. Les forces laissées en Bretagne après quelques minces succès obtenus du côté de l'Anjou et de la Normandie, disparurent peu à peu, décimées par la maladie. Enfin une trêve de trois ans, conclue le 14 juillet 1231 entre les deux couronnes, termina cette guerre qui n'avait pas changé leur situation réciproque (6).

Louis IX avait habilement maintenu le comte de la Marche dans son alliance en confirmant dans l'acte du traité la dona-

(1) Rymer, I, 198.
(2) Rymer, I, 198.
(3) *Royal letters* of Henry III, I, 385.
(4) *Royal letters* of Henry III, I, 386. — Cet Aimeri de Thouars devint un peu plus tard vicomte de Thouars, comme huitième du nom.
(5) *Idem*, I, 386.
(6) *Vie de Saint-Louis*, par Tillemont, II, 70-73, 101-102.

tion qu'il lui avait faite de l'île d'Oleron et, comme cette île était demeurée sous la domination du roi d'Angleterre, il lui promettait une pension de huit cents livres jusqu'à la mise en possession (1). Mais aucun document n'a révélé les arrangements qui durent nécessairement intervenir entre le roi et Savary de Mauléon. Le départ de Henri III ayant livré à leurs propres forces tous ses adhérents du Poitou, ceux-ci furent évidemment contraints de gré ou de force de traiter d'une manière quelconque avec le roi de France, à moins qu'ils n'aient été compris dans la trêve générale du 14 juillet. Mais c'est peu probable, parce que chaque seigneur et le roi lui-même préféraient s'arranger par des actes particuliers. Si des trêves ou traités quelconques ont été conclus en 1230 ou 1231, soit avec Savary de Mauléon, soit avec les autres seigneurs poitevins, il n'en subsiste plus aucune trace. On a dit que Savary s'était retiré avec Henri III en Angleterre. Cela expliquerait alors le silence des documents. Mais c'est un point bien incertain et peu admissible, car il eut ainsi gravement compromis ses intérêts et risqué la perte de ses vastes domaines. D'ailleurs on sait qu'il résidait alors en Poitou, du moins en 1233. On a même ajouté qu'il mourut en Angleterre (2). Cette dernière assertion est erronée Nous verrons qu'il fut enseveli dans l'abbaye de Saint-Michel-en- l'Herm, où il est très probable qu'il avait rendu le dernier soupir en 1233.

Quoi qu'il en soit, Savary, obligé désormais de poser les armes, n'en conserva pas moins pour le roi Henri III ses sympathies secrètes et intéressées. Il demeura même en relations étroites avec lui. Ce prince, en effet, par lettres du 10 mai 1232, légitima son fils Raoul, né de son union avec Amabilis du Bois, et c'est sans doute grâce à son influence auprès du pape qu'il fit confirmer au point de vue religieux cette légitimation par l'archevêque de Bordeaux (3).

Les sollicitations, ou plutôt l'ordre formel de Henri III le déterminèrent à faire droit enfin aux réclamations de l'abbaye de Fontevrault, propriétaire d'une rente de 130 livres assise sur les revenus royaux de l'île d'Oleron. Malgré l'engagement

(1) *Vie de Saint-Louis*, par Tillemont, II, 101.

(2) *Savary de Mauléon*, par de la Fontenelle, p. 346, d'après l'abbé de la Rue.

(3) *Savary de Mauléon*, par de la Fontenelle, p. 347, d'après l'abbé de la Rue.

pris par lui en 1223 en sa qualité de sénéchal de Poitou, malgré
une sentence favorable à l'abbaye et une injonction du pape du
mois de mai 1225, il s'était toujours refusé à s'exécuter. C'est
seulement en janvier 1232 qu'il restitua à Fontevrault les
revenus indûment retenus (1). Cet acte, rendu sur l'ordre et,
pour ainsi dire au nom du roi d'Angleterre, laisserait croire
qu'il ne cessait pas de le reconnaître comme son seul suzerain.

L'incertitude qui règne sur les lieux de résidence de Savary
de Mauléon durant les dernières années de sa vie cesse tout à
fait en 1233. Au mois de mai de cette année on le trouve dans
sa ville de Fontenay signant une charte par laquelle il confirme
à l'abbaye de Luçon la possession déjà plusieurs fois séculaire
de l'île de Chouppeaux (2). Il mourut peu de temps après, le
29 juillet 1233, et fut enseveli dans le chœur de la grande
église de Saint-Michel-en-l'Herm (3).

Le roi de France invoquant peut-être l'illégitimité de Raoul,
fils de Savary, ou simplement son droit de garde noble, s'empressa de confisquer ses biens (4). La seigneurie de Fontenay
que réclamait Geoffroy de Lusignan, sᵉ de Vouvent et de Mervent, si célèbre par ses violences récentes contre l'abbaye de
Maillezais (1232), tomba en son pouvoir en vertu des droits plus
ou moins contestables de sa mère Eustache Chabot (5). Outre
Raoul, fils de son second mariage, Savary de Mauléon avait
laissé deux filles, Belle-Assez et Alix, issues de sa première
union avec Belle-Assez, fille de Guillaume de Chantemerle,
Pareds et Pouzauges. Belle-Assez de Mauléon avait épousé
Guillaume de Brosse et vivait encore en 1230, qualifiée de dame
de Mauléon et de Pouzauges (6). Alix de Mauléon avait épousé
Guy, vicomte de Thouars (1234-1242). Elle hérita de sa sœur
aînée, morte sans postérité, et devint ainsi dame de Mauléon,
de Pouzauges et Sigournay. Elle vivait encore en 1266 (7).

(1) *Cartulaire de Fontevrault*, ı, 463.
(2) Dom Fonteneau, t. xıv, p. 273. — *Hist. du monast. de Luçon*, par de
la Fontenelle, ı, 38.
(3) *Chron. alberici trium fontium*, ap. *Histor. de France*, t. xxı, 607.
— *Hist. de Fontenay*, par Fillon, 23.— *Hist. de l'abbaye de Saint-Michel-
en-l'Herm*, par Brochet, 1891. p. 14, d'après le Mémorial de M. Herpin,
notaire à l'île de Ré, au xvıᵉ siècle. Obituaire de Talmond.
(4) *Chron. alberici trium fontium*. — *Vie de Saint-Louis*, par Tillemont, ıı, 149.
(5) *Poitou et Vendée*, par B. Fillon.
(6) *Cartulaires du bas Poitou*, par Marchegay, LIV.
(7) *Idem*.

Amabilis du Bois, veuve de Savary, avait reçu en douaire la jouissance de Saint-Michel-en-l'Herm (1) et elle vivait encore à Fontenay en 1258 (2).

La disparition de Savary de Mauléon délivrait la royauté française d'un de ses adversaires les plus sérieux, d'un des obstacles les plus gênants à la soumission et à l'annexion définitive du Poitou. La détention de ses biens par le domaine royal se prolongea apparemment plus que de raison, car le roi d'Angleterre en réclama plus tard, en 1242, la restitution. Ce n'était point sans doute dans l'intérêt unique du jeune Raoul qu'il élevait cette prétention. La guerre qui devait se terminer par la bataille de Taillebourg, était alors commencée et il avait là un grief tout trouvé contre Louis IX auquel il reprochait l'usurpation des biens de Savary, opérée pendant la trève (3). Quoi qu'il en soit, tout danger ayant disparu en Poitou depuis l'abaissement des Lusignan, Raoul de Mauléon recouvra les biens paternels, sans doute au prix de l'abandon de ses droits sur Fontenay, qu'il fit en 1245 au comte Alphonse de Poitou (4). On le voit, en effet, rendre hommage à ce prince en 1246, traiter à la Grénetière avec sa sœur Alix en 1247, au sujet de la succession de leur père (5), et prendre, en 1248, le titre de sʳ de Talmond et de Chatelaillon, au moment où il allait partir, disait-il, pour la Croisade (6). Raoul de Mauléon, par son testament du mois de mars 1251, donna à l'abbaye de Saint-Michel-en-l'Herm toute la seigneurie dudit Saint-Michel, pour en jouir après la mort de sa mère, et il choisit sa sépulture dans cette église près de celle de son père (7). Enfin, après sa mort arrivée en 1253 et de nouvelles contestations soulevées par le comte Alphonse, tous les domaines des Mauléon demeurèrent à Aimeri vicomte de Thouars, fils d'Alix de Mauléon, en vertu d'un traité passé en octobre 1254, entre celui-ci et Jeanne de Mauléon sœur de Savary et épouse du vicomte de Rochechouart (8).

(1) Dom Fonteneau, t. IV, 339.

(2) *Histoire de Fontenay*, par Fillon, p. 23.

(3) Rymer. Lettre de Henri III, du 30 mai 1242, donnée à Pons.

(4) *Histoire de Fontenay*, p. 33.

(5) *Layettes du trésor des chartes*, III, 12.

(6) Dom Fonteneau, t. IV, 339.

(7) *Layettes du trésor des chartes*, III, p. 120.

(8) Dom Fonteneau, XXVI, 249.

§ IV. — *Savary de Mauléon, troubadour.*

Savary de Mauléon n'était pas seulement un homme de guerre et un politique. Il était en même temps poète et troubadour. Cette classe de chanteurs errants connus sous le nom de troubadours et de trouvères, courant de châteaux en châteaux, de cours d'amour en cours d'amour, racontant en vers élogieux et parfois satiriques les hauts faits et les aventures galantes des chevaliers, jouissait alors d'une véritable popularité. La galanterie dans la vie féodale tenait une place aussi considérable que les prouesses guerrières. Savary de Mauléon excellait dans l'une et dans l'autre. Il aimait les dames, les tournois, les troubadours et les vers. Le troubadour Hugues de Saint-Cyr, originaire du Quercy, son protégé et son biographe, l'appelait le maître des braves, le chef de toute courtoisie. Les poésies et les chansons qu'il composa en langue romane ou provençale en l'honneur des nombreuses châtelaines objets de son amour, ont reçu les éloges un peu exagérés sans doute des anciens historiens des troubadours. Il serait fastidieux et inutile de raconter toutes ses aventures et de reproduire toutes ses œuvres souvent banales, perdues et oubliées dans les recueils de Sainte-Palaye. Les joies et les douleurs de l'amour chantées par les poètes et les romanciers de tous les temps les remplissent d'un bout à l'autre (1).

Une belle provençale, de la maison de Glandevez, dont Savary était amoureux et qui résista à ses avances chaleureuses pour épouser un grand seigneur de son pays, reçut de lui des vers pleins de soupirs et de plaintes inutiles, dont quelques-uns sont ainsi traduits :

> O cœur ingrat, dur et inexorable,
> Plus dur cent fois à ployer qu'un gros arbre,
> Quand aura fin vers moi ta cruauté ? (2).

Lors de l'expédition qu'il entreprit comme sénéchal de Gascogne, en 1211, par ordre du roi Jean, pour secourir Raymond VI, comte de Toulouse, contre Simon de Montfort, il adressa à la comtesse Eléonore une pièce plutôt politique qu'amoureuse, mais où il se garde bien d'omettre l'expression de quelques tendres sentiments. Voici la traduction d'un passage :

(1) *Histoire littéraire des troubadours*, 1774, t. II, 99, 118. — *Bibliothèque historique et critique du Poitou*, par Dreux-Duradier, I, 342-347. — *Histoire littéraire*, t. XVIII. — Raynouard, II, 199; V, 439.

(2) Dreux-Duradier, I, 345-346. — *Hist. de la Rochelle*, par Arcère, I, 204.

« Madame, je sais bien que désormais il serait raisonnable
que tout le monde vous ayant conquis à la dérobée, je fisse
moi-même cette conquête à mon tour. J'ai rassemblé Basques
et Brabançons tellement que grâce à mes soins, nous sommes
cinq cents qui exécuteront de point en point tous les ordres que
vous nous donnerez. Mandez-nous vos intentions ; nos coursiers
sont tous sellés et nous monterons aussitôt à cheval. » (1).

Les morceaux les plus curieux sont les tensons à plusieurs
interlocuteurs, antérieurs à 1218, composés à l'occasion de son
amour pour Guillemette de Bénauges. Pendant ses divers séjours
en Gascogne en qualité de sénéchal du roi Jean, Savary de
Mauléon s'était épris des charmes de Guillemette de Bénauges,
femme de Pierre de Gavaret, seigneur de Langon et de Saint-
Macaire (2). Malgré ses protestations et ses serments passionnés, ses présents et ses promesses, il ne recevait d'elle que
de vagues espérances. Ajourné puis rappelé sans cesse de Poitou
en Gascogne par mer et par terre, il ne trouvait toujours qu'un
accueil énigmatique qui loin de décourager son amour l'augmen-
tait davantage. Mais tout en semblant différer ses faveurs sans
les refuser, la coquette avait donné les mêmes espérances à deux
autres adorateurs également troubadours, Elie Ridel seigneur
de Bergerac, et Geoffroi Ridel seigneur de Blaye. Un jour
qu'ils faisaient tous trois la cour à Guillemette de Bénauges, l'un
assis à sa droite, l'autre à gauche et le troisième en face, la belle,
avec une habileté doublée tant soit peu d'effronterie, jeta un
coup d'œil amoureux à Geoffroi, serra la main d'Elie et marcha
doucement sur le pied de Savary. Chacun d'eux se retira sans
s'être aperçu de la duplicité de la perfide et convaincu par
conséquent qu'il était le préféré de son cœur. Mais Elie et
Geoffroi commirent l'imprudence de révéler les tendres témoi-
gnages dont ils avaient été l'objet. Savary tout confus garda le
silence. Ne voulant pas toutefois se considérer comme vaincu,
et taisant le nom de la dame, il consulta deux troubadours
diserts en cour d'amour, Hugues de la Bachellerie et Guillaume
Faidit. Le cas était grave puisqu'il s'agissait de savoir auquel
des trois rivaux la dame de Bénauges avait témoigné le plus
d'amour. Ce fut le sujet d'un tenson où chacun des interlocuteurs donna son avis. En voici la traduction.

(1) *Bibliothèque historique du Poitou*, I, 347. — *Histoire littéraire*,
t. XVIII. — *Histoire littéraire des troubadours*, II, 110.
(2) *La Guienne militaire*, par Léo Drouyn, II, 109, 237.

GUILLAUME.

« Je préfère le regard doux et tendre ; il part du fond du cœur, au lieu que donner la main est une gracieuseté que les femmes font à tous ceux qu'elles accueillent honnêtement ; et marcher sur le pied n'est point une marque d'amour. »

HUGUES.

« Le regard ne signifie rien selon moi, car il s'adresse de tous côtés aussi bien que vers celui qui en conclut follement qu'on l'aime. Je ne fais pas de cas non plus de marcher sur le pied. Mais lorsqu'une main blanche sans gant, serre doucement son ami, c'est une preuve certaine d'amour que le cœur envoie. »

SAVARY.

« Je me félicite de ce que vous m'avez laissé le meilleur. Marcher sur le pied est une faveur dérobée à la vigilance des médisans, et puisque l'ami l'a reçue en riant et avec joie, il paraît bien que c'est un amour franc et sincère qui l'a donnée. Il m'étonne que Guillaume préfère le regard, lui qui passe pour si habile en amour. »

GUILLAUME.

« Vous blâmez mal à propos le regard des yeux ; ils sont messagers du cœur pour annoncer aux amans ce que la crainte l'oblige de renfermer ; ils sont dépositaires de tous les trésors de l'amour. On marche sur le pied à bien des gens sans amour et sans y rien entendre, et donner la main ne signifie rien. »

HUGUES.

« Beaucoup d'amans ont été trompés par les yeux, et je ne me laisserais pas séduire par une fausse dame, quand elle me marcherait toute une année sur le pied. Mais serrer la main vaut cent fois mieux : telle faveur ne laisse point de doute. »

Savary soutient que Guillaume et Hugues sont vaincus et pour lui il s'en tient au tendre témoignage qu'il a reçu (1).

Savary toutefois n'était qu'à demi convaincu. Fatigué de la

(1) *Histoire littéraire des troubadours*, II, 107-109. — *Savary de Mauléon*, par de la Fontenelle, p. 312-314. — *Histoire littéraire*, t. XVIII. — Raynouard, II, 199.

rigueur de la dame de Bénauges, il porta ses amoureux hommages aux pieds de la belle Mahaut de Montagnac, épouse de
Guiraut de Marsac. Celle-ci, plus vite éprise, lui assigna un
rendez-vous. Savary plein de joie revint en Poitou, attendant
avec impatience le jour heureux qu'on lui avait fixé. Mais Guillemette de Bénauges n'apprit pas sans dépit l'abandon de son
adorateur. Elle résolut de donner à Savary un rendez-vous pour
le même jour et elle chargea le troubadour Hugues de Saint-
Cyr de lui porter ce message. Grand fut l'embarras du chevalier
poitevin, car il n'avait point renoncé complètement à son amour
pour la dame de Bénauges. Il consulta encore sur ce cas épineux
un autre troubadour, Prévost de Limoges, qu'il avait à sa cour.
De là composition d'un nouveau tenson où chacun développe les
motifs de la préférence qui doit être donnée à l'une ou à l'autre
dame. Nous en reproduisons la traduction.

PRÉVOST.

« Un brave chevalier ayant été rejeté par une dame qu'il
aima longtemps, a porté des vœux vers une autre, dont il a
tellement gagné l'amitié qu'elle a pris jour avec lui pour lui
accorder tout ce qu'il pourrait désirer. La première dame infor-
mée de cela, promet de faire pour lui le même jour tout ce qu'il
avait demandé. Je les suppose d'ailleurs d'un mérite égal. Vers
laquelle des deux ira-t-il ? »

SAVARY.

« L'amant sincère ne change jamais, quelque semblant qu'il
fasse d'adresser ailleurs ses prières. Il ne peut se détacher de
l'objet qui a fixé son amour. Ainsi il ira sans hésiter vers la
dame qu'il aima la première et ne la soupçonnera pas de vouloir
le tromper. »

PRÉVOST.

« En ce cas le chevalier paiera bien mal les bontés de la dame
qui s'est livrée à lui de si bonne grâce. Il serait insensé de ne
point aller vers celle qui lui donne une si grande preuve d'amour.
Il doit plutôt abandonner l'ingrate qui ne voulut jamais rien
faire pour lui et qui ne revient que parce qu'elle meurt de jalousie de voir qu'un autre rend la vie à celui qu'elle avait fait
mourir, car ce n'est pas qu'elle lui veuille du bien. »

SAVARY.

« Une dame qui s'enflamme si vite ne sait point aimer et

manque de prudence autant que d'amour. Car les dames ne se rendent pas aux désirs des hommes qu'elles n'aient éprouvé leur sincérité. Celle qu'amour n'a point liée de ses étroits liens veut complaire à tous, accorde ses faveurs au premier venu et se rendrait à un nouvel amant aussi aisément qu'à moi. Puissé-je mourir des rigueurs de l'amour plutôt que de jouir de faveurs indignement prodiguées ! »

PRÉVOST.

« Seigneur, c'est une extrême folie aux dames de faire atten-dre longtemps les faveurs qu'elles promettent. Jamais un don ne vaut autant qu'au moment où l'on désire de l'obtenir. Vous traitez de folie la chose du monde qui doit plaire davantage, je veux dire, le changement en amour et la circulation des amis et des amies qui tourne au profit du commerce. »

SAVARY.

« Les tourmens et les maux affreux que j'ai si longtemps éprouvés me paraîtraient charmants, Prévost, si celle que j'aime daignait seulement me donner son gant ou me permettre de la voir une fois avant de mourir. Je ne me ferais pas prier pour me rendre à ses ordres. C'est à elle que je veux être éter-nellement attaché, c'est avec ma seule douce amie que je veux vivre. Mon amour n'est point trompeur ; il me brûle et m'em-brâse. »

Prévost propose de prendre pour juges de la question, Marie de Ventadour, la dame de Montferrand et la dame de Benauges elle-même, héroïne de l'aventure. Savary, s'inclinant devant la science amoureuse de ces trois dames, accepte d'avance leur arbitrage. Nous ignorons la sentence de cette cour d'amour (1).

L'auteur de l'*Histoire littéraire des troubadours* a traité, non sans quelque raison, de balivernes, toutes ces poésies galantes. La grande faveur dont elles jouissaient alors n'en est pas moins certaine. Les sentiments passionnés, les hardiesses étranges souvent licencieuses, les aventures extraordinaires, les jugements singuliers des cours d'amour qu'on y trouve décrits et racontés, présentent un tableau pris sur le vif des mœurs intimes de cette société féodale de la fin du XIIe et du commen-

(1) *Histoire littéraire des troubadours*, II, 102-106. — *Histoire litté-raire*, t. XVIII. — *La vie au temps des cours d'amour*, par Antony Méray, p. 149.

cement du XIII⁰ siècle, naguère si grossière et encore si rude. On y reconnaît clairement l'influence bienfaisante des femmes sur ces âpres natures de chevaliers qu'elles adoucissent et chez lesquelles elles développent peu à peu le respect de la faiblesse, de la bonté et de la grâce. En s'inclinant lui aussi devant les dames, en faisant des vers en leur honneur, Savary de Mauléon, pourtant si batailleur et si violent, obéissait et coopérait ainsi à ce mouvement progressif qui devait faire pénétrer dans les mœurs sociales des habitudes plus douces, des sentiments plus humains. L'emploi qu'il a fait de la langue romane ou langue d'oc dans ses compositions prouverait-il qu'elle était en usage en Poitou au commencement du XIIIᵉ siècle ? La question n'est pas facile à résoudre, parce que cette province formait à peu près la limite des deux idiomes du nord et du midi. S'il est vrai que la langue d'oc y ait été comprise et parlée par quelques-uns, la langue d'oil semble toutefois y avoir été prépondérante. En effet, les plus anciens actes en langue vulgaire du Poitou, apparaissant au déclin du premier tiers du XIIIᵉ siècle, sont rédigés en langue d'oil avec un mélange de locutions provinciales.

§ V. — CONCLUSION.

Si nous voulions porter un jugement sur la conduite politique de Savary de Mauléon sans nous dépouiller de nos idées modernes, il manquerait assurément d'équité. Savary, nous l'avons dit, a été en Poitou le grand adversaire de la monarchie française et de l'unité nationale. Il ne faut pas pour cela être trop sévère à son égard. La conception d'une grande patrie française n'était pas encore née au commencement du XIIIᵉ siècle. Sa manifestation ne devait commencer que plus tard, pendant la guerre de cent ans. Seuls, les rois capétiens l'avaient entrevue et travaillaient déjà à sa formation avec une intelligence et une persévérance dignes d'admiration. Mais pour Savary et ses contemporains, la patrie c'était le Poitou, ou mieux encore le domaine de chaque baron. Le meilleur gouvernement c'était l'indépendance que le lien de la hiérarchie féodale tempérait tout en la consolidant. Le Français, l'homme d'au-delà de la Loire, comme le disaient encore en 1242 les barons révoltés pour la dernière fois, voilà l'ennemi, voilà le maître étranger dont il faut secouer le joug. Quant aux rois Plantagenets, s'ils étaient moins détestés de la féodalité poitevine, c'est qu'ils menaçaient moins son indépendance. La conduite 'e Savary ne doit donc ni nous surprendre ni nous indigner. Il était de son temps et de sa caste. C'est un type remarquable et complet de ce baronnage du moyen âge, vaillant, mais violent, aventureux, turbulent, généreux et brutal à la fois, rebelle à toute espèce de joug, religieux et charitable envers les églises, quoique fréquemment en lutte avec elles, passant avec une égale vivacité des excès les plus lamentables aux remords les plus sincères, débonnaire en général pour ses vassaux directs, mais sans pitié pour ceux de ses ennemis, querelleur et impatient de tout voisinage gênant, capable du dévouement le plus admirable mais incapable de se soumettre longtemps à une discipline ou à une supériorité quelconque, hostile enfin à la royauté et aux villes municipales dont la naissance et les développements excitaient sa jalousie et son inquiétude. Tout en rendant hommage aux qualités de cet illustre chevalier poitevin, à l'énergie et aux talents déployés par lui dans la défense d'une cause, un peu personnelle à la vérité, mais qu'il devait bien considérer comme étant celle de son pays, nous n'en devons pas moins bénir le triomphe de la monarchie qui, par la réunion du Poitou et l'abaissement des tyrannies locales, avança l'œuvre de l'unité française, de l'affranchissement et du développement du tiers état, son protégé et son utile auxiliaire dans cette grande lutte.

Saint-Maixent. — Impr. Reversé.

www.ingramcontent.com/pod-product-compliance
Lightning Source LLC
LaVergne TN
LVHW022147080426
835511LV00008B/1301